JOYEUSES PÂTES

Du même auteur

Journal d'une femme mariée,
Denoël, 1968

La star,
roman, Grasset, 1982

Moi j'en riz,
170 recettes, Robert Laffont, 1994

J'aime pas,
Le Cherche Midi éditeur, 1998

Haricots-ci, haricots-là,
200 recettes, Robert Laffont, 1999

MACHA MÉRIL

JOYEUSES PÂTES

160 recettes

Dessins de l'auteur

ROBERT LAFFONT

Cet ouvrage a été publié sous la direction
de CLAUDE LEBEY

Couverture : photo Jean-Pierre Fizet/Sygma.

ISBN 2-221-09090-X

Dis-moi ce que tu manges,
je te dirai qui tu es.
Léonard de Vinci

POURQUOI CE LIVRE

Tout le monde aime les pâtes. Si vous écoutiez vos enfants, ou votre mari, ou votre amant, vous leur feriez des pâtes tous les jours, n'est-ce pas ? Dans les dîners de gala, Georges Brassens réclamait un plat de « nouilles au beurre » et délaissait les foies gras et les terrines. Les malades de pâtes sont nombreux dans le show-business, et je fais un tabac chaque fois que je donne des « dîners de pâtes ». On me téléphone longtemps à l'avance pour s'inscrire en liste d'attente, et je note, depuis deux ans, les recettes que j'ai servies à chacun afin de ne pas me répéter.

C'est ainsi que j'ai eu l'idée de ce livre. Arrivée à la centième recette, je me suis dit : c'est trop bête. Les fanas de pâtes sont partout, comme ils seraient heureux d'avoir tous ces tuyaux. Encouragée par mes amis — qui m'avaient déjà piqué pas mal de recettes car je n'en fais pas secret : à la fin de chaque dîner, tout le monde sort son carnet et je dicte ! — j'ai pris mon courage à deux mains (deux doigts plutôt car je tape très péniblement à la machine) et j'ai pondu ce recueil de recettes et d'astuces pour que vous puissiez tous en profiter. A l'occasion, je raconte les histoires ou les circonstances qui m'ont fait connaître une recette, car j'ai accumulé au cours de ma vie gourmande un véritable patrimoine de bons souvenirs. Je ne suis pas une professionnelle de la gastronomie, et je m'excuse d'avance auprès des vrais chefs de toutes mes audaces aux fourneaux, mais sans offenser personne, il arrive qu'on soit plus moche en sortant de chez un grand coiffeur qu'après un shampooing fait à la maison...

Vive la cuisine naïve, vive les pâtes !

PRÉAMBULE

Comme vous, je n'ai guère le temps de passer une journée aux fourneaux pour faire plaisir à mes amis. Comme vous cependant, j'aime que mes amis viennent chez moi avec plaisir. Et j'aime les épater, surtout si je les ai invités à la dernière minute. Épater en passant chez un traiteur et en y laissant un gros chèque, c'est facile... et vulgaire. Épater avec des plats « pauvres » qui rappellent les vacances et qui varient à chaque saison, c'est une triple satisfaction : vous avez régalé pour pas cher en gais parfums ensoleillés ou inattendus, et sans empoisonner vos amis avec de lourdes graisses indigestes. Mes pâtes ont toutes les vertus, et si vous suivez mes conseils, vous ne les raterez jamais. Finies les séances de solitude : vos amis, vous verrez, seront avec vous à la cuisine pour épier vos recettes et mettre la main à la pâte. Servies fumantes dans un grand plat coloré, les pâtes ont le pouvoir d'allégresse qu'a le bruit d'un bouchon de champagne qui explose : elles prédisposent à la bonne humeur et à la joie de manger ensemble. Plat unique, surtout si vous faites deux ou trois recettes différentes, et arrosées d'un bon vin, elles n'ont besoin que d'un dessert léger (je sers souvent un sorbet arrosé de coulis de fruits).

Toutes ces recettes sont pour 5 personnes, 4 bons mangeurs ou 6 petits.

LES BASES

La base de mes recettes, ce sont les produits. L'inspiration du dernier moment ne peut s'exercer qu'avec un placard intelligemment rempli. Votre réussite commence donc quand vous faites vos courses de « fond » une fois par mois ou même une fois par trimestre. C'est là qu'il faut être exigeant et ne pas acheter n'importe quoi. Les pâtes ne supportent pas la médiocrité et si vous voulez qu'elles soient exceptionnelles, ne lésinez pas sur la qualité des produits de base qui vous coûteront à peine plus cher mais font toute la différence.

1° Les pâtes

Les Français qui débarquent en Italie et demandent « des pâtes » dans un restaurant se font rire au nez. Quelles pâtes ? Il y a autant de sortes de pâtes que de variétés de légumes ou de viandes. Chaque type de pâtes a sa préparation et ses assaisonnements propres. Ayez en réserve un assortiment de pâtes que vous conserverez dans de jolis bocaux en verre de toutes les tailles (il en existe de très longs pour les spaghetti). Toujours en vue, les pâtes vous suggéreront des désirs.

a) Les pâtes « longues », spaghetti, trenette, bavette, spaghetti carrés dits « à la guitare », etc. Elles doivent être de semoule de blé dur et fabriquées dans une région où l'eau est particulièrement peu calcaire. La marque De Cecco, usine des Abruzzes, est celle que je préfère. On la trouve chez les bons traiteurs italiens. Tout de suite derrière, je choisis Barilla. On les trouve partout. Les spaghetti sont les plus courants. Il y a plusieurs grosseurs. J'utilise plus fréquemment les numéros 5 (il n'y a pas que Chanel !), qui sont les plus grosses et restent bien « al dente », bien fermes à la cuisson, mais je signalerai les recettes qui nécessitent des spaghetti plus fins.

b) Les pâtes « courtes » : macaroni, coquillettes, rigatoni, sedani, penne, bombolotti, fusilli, etc. Quelque fois plus difficiles à trouver, elles sont excellentes chez De Cecco elles aussi. Je donnerai à chaque recette celles qui conviennent le mieux, mais, si vous ne les avez pas, vous pourrez les remplacer par une autre espèce qui vous paraîtra équivalente.

c) Les pâtes aux œufs : tagliatelle, lasagne, pâtes vertes, cheveux d'ange, spaghetti jaunes, à la guitare, etc. Contrairement à un avis répandu, je les trouve souvent meilleures en paquet que fraîches. Rares sont les traiteurs qui font des pâtes aussi fines et ne « collant » pas à la cuisson. A moins que vous ne vous lanciez à les faire vous-même, avec ou sans machine. J'ai des doutes sur leur grande réussite, les vraies tagliatelle sont comme la broderie : il faut avoir vécu à Bologne depuis plusieurs générations et détenir d'une grand-mère le coup de main pour étaler aussi finement la pâte élastique... J'exclurai donc parfois de mes recettes cette préparation trop compliquée et je vous conseillerai les pâtes toutes faites qui conviendront le mieux à chaque recette.

2° L'huile d'olive

Elle doit être vierge, première pression à froid, et du meilleur goût. Elle doit être de l'année, conservée dans un endroit frais et à l'abri de la lumière, surtout si la bouteille est en verre clair. Il y a de très bonnes marques françaises dans tous les magasins. Moi qui ai la chance d'aller souvent en Italie, je ramène d'un pressoir ami mon huile d'une colline florentine dont la saveur me paraît incomparable... Mais quand je suis « en manque », la Bertolli extra-vergine et la Sasso extra-vergine étiquette or (bouteille ou bidon) que l'on trouve aisément en France sont plus qu'honorables.

3° Le parmesan

Mal connu en France, il est le roi des fromages d'assaisonnement. Il faut l'acheter en morceau et le râper soi-même. Il doit être d'origine : PARMIGGIANO REGGIANO, c'est écrit sur la croûte en lettres pointillées, c'est la loi d'appellation contrôlée (sévère et respectée) en Italie. Achetez-le dans un magasin qui a du débit pour qu'il soit fraîchement coupé, car il ne doit pas être sec. De plus en plus de traiteurs, comme La Grande Épicerie du Bon Marché à Paris, par exemple, s'équipent en parmesan frais. Conservez-le enveloppé d'un petit linge dans une boîte en plastique en bas de votre frigo. Si vous ne l'avez pas utilisé depuis quelque temps, et qu'il s'est formé un peu de moisissure, aucun problème, grattez-la, le fromage n'est pas abîmé pour autant. S'il « transpire », c'est un signe de qualité. Dans les foires au fromage de Parme, on fend les meules de parmesan en leur centre pour montrer que « la goccia » (la goutte), signe de noblesse, suinte bien à son cœur. Le parmesan est un fromage courant mais raffiné. Il n'est pas bon marché mais le parfum de noisette fraîche et de foins coupés qu'il confère aux pâtes est inimitable. J'ai cherché des fromages de remplacement en France, sans succès. Rendons à César...

4° L'eau

Ne riez pas, l'eau a une importance capitale dans la cuisson des pâtes. Si vous êtes dans une région où l'eau est très calcaire, ou très javellisée, faites les frais de quelques bouteilles d'eau minérale pour bébé, vous ne risquerez pas de gâcher bêtement des produits purs. Je connais des acteurs italiens (et la maladie s'étend à nos compatriotes qui ont tourné des films en Italie) qui voyagent avec leurs pâtes, leur huile, mais aussi leurs bonbonnes d'eau de Rome. Les Anglais voyageaient bien avec leur eau pour le thé. Je n'irai pas jusqu'à cet excès, quoique pour le café expresso... Restons français, mais soyons toujours attentifs à ce que nous avalons. L'eau a un goût, et si vous l'aviez oublié, prêtez-y attention désormais.

5° L'épicerie

En vrac, les produits dont vous ne devez jamais manquer. J'expliquerai leur emploi à chaque recette :

Du bon gros sel, du sel fin, poivre gris et noir en grain, noix de muscade, basilic en pot (sauf en saison), noix décortiquées et pelées, pignons, thym, laurier, romarin, origan, marjolaine, sauge, fenouil, conserve de tomate, tomates pelées, thon à l'huile d'olive, anchois, câpres au naturel (au sel), tablettes de bouillon, piment doux, en crème (harissa), en poudre ou entiers (en chapelet sec), vin blanc de cuisine, marsala, ail, oignons, rouges et blancs, champignons secs, olives noires et vertes, haricots rouges (borlotti), lentilles, pois chiches, raisins secs, safran et curry, quelques pommes de terre.

Voilà pour le « fond ». Si vous n'avez pas eu le temps de faire les achats de produits frais, ou si les magasins sont fermés, un dimanche ou le soir après un spectacle, vous pouvez déjà préparer un dîner avec ce que vous avez à la maison : pâtes au thon, arrabiata, puttanesca, huile et ail, au pistou, poivre et parmesan, etc.

6° Les produits frais

Je passe sur le bon beurre, le lait, la crème fraîche et les œufs qui ne font jamais défaut dans une bonne maison française. J'y ajoute une tranche de poitrine fumée, des citrons et des herbes vertes : persil, aneth, menthe, coriandre et basilic que vous aurez eu la bonne idée de planter sur votre balcon au printemps. En rentrant le pot de basilic dès les premières pluies, je suis arrivée à en avoir jusqu'en novembre. Au-delà, il existe les petits pots, ou si vous avez été prévoyants, vos propres conserves au congélateur. Pour le reste, légumes, viandes, poissons et coquillages, je préfère acheter frais, le jour même. Mais les congelés sont toujours là. Aussi dois-je compléter avec honnêteté :

6° bis Les surgelés

Petits pois extra-fins, brocolis, herbes, poissons, crevettes, langoustines, coquilles Saint-Jacques, champignons, escargots, épinards... En revanche, j'ai définitivement renoncé aux moules, clams, calamars, viandes et saucisses. Sauf le magret de canard et les filets de poulet, allez comprendre.

LE MATÉRIEL

Avant tout, les casseroles. De grandes casseroles hautes à fond léger où l'eau, *beaucoup d'eau*, bout rapidement. Les pâtes se cuisent dans une eau abondante qui bout à gros bouillons, *sans couvercle*. A Naples, avoir mis un couvercle sur une casserole de pâtes en cuisson peut être une cause de divorce citée dans les minutes du procès. Chaque pâte doit nager librement, détachée de sa voisine. Tout l'amidon inutile est ainsi rejeté. La passoire est également plus commode si elle est grande et stable. Les faitouts et les poêles pour les sauces sont vos ustensiles d'usage normal. Mais contrairement aux pâtes, les bonnes sauces mitonnent à feu doux dans de petites casseroles à fond épais, au secret sous un lourd couvercle. Bien remplies et *couvertes*, elles ne laisseront pas échapper en vapeur les parfums délicieux des produits délicatement assortis. Fondamentaux sont les *plats* où seront servies les pâtes. Souvent utilisés dès la préparation ils doivent être grands, creux et profonds. Quand j'improvise des pâtes chez des amis, je suis toujours handicapée par le manque de grands plats où je puisse bien retourner les pâtes dans les sauces. Il est élégant de servir des pâtes dans un plat chauffé et pas plein à ras bords. Moins le plat est rempli, plus vos pâtes feront « grande cuisine ». N'hésitez pas à vous procurer de très grands plats, il y en a de ravissants en céramique de toutes les régions, qui, au repos, décoreront les hautes étagères de votre cuisine. Et pendant que vous y êtes, pourquoi ne pas acheter quelques assiettes creuses de la même céramique pour la table ? Elles sont gaies, rustiques et appétissantes. Les miennes sont toutes différentes et de couleurs vives, elles viennent de Positano et ont toujours un succès fou. N'oubliez pas de les chauffer dans un chauffe-assiettes et servez vos pâtes sans attendre en les distribuant équitablement vous-même avec le sourire serein d'une « mamma » qui a encore fait des miracles avec les moyens du bord !

UN APERÇU DIÉTÉTIQUE

Les pâtes rendent intelligent. Les peuples les plus vifs sont ceux qui absorbent les hydrates de carbone, indispensables au fonctionnement des muscles et du cerveau, par une alimentation à base de céréales (pâtes, pain, couscous). C'est bien connu : les pommes de terre ou le riz, consommés régulièrement, ralentissent la cervelle. Les pâtes et le pain contiennent du phosphore et du gluten qui favorisent les fonctions des cellules grises. Mais le pain est beaucoup moins digeste que les pâtes. Prenez-y garde : si vous faites un travail intellectuel, ou si vous vous lancez dans la rédaction de votre feuille d'impôts, vous éprouverez le besoin de manger des pâtes. Et pas seulement par sobriété patriotique... Cuites « al dente » et assaisonnées à l'huile d'olive crue comme dans de nombreuses recettes que je vous donne, elles sont légères et bénéfiques pour les intestins, la peau, les cheveux, les ongles et le système nerveux. Ne commettez pas l'erreur de les cuire davantage en croyant les rendre plus faciles à digérer : c'est le contraire exact qui se passe ! Elles s'alourdissent, se gonflent d'eau et perdent une partie de leurs vitamines, sans compter leur goût. Apprenez plutôt aux enfants et aux bouches mal dentées à manger lentement en mâchant correctement. Faire durer le plaisir en même temps que la santé, qui dit que c'est incompatible ?

Quant aux kilos que vous craignez de prendre avec les pâtes, voilà un vieux lieu commun contre lequel je m'élève. A quantité égale, les pâtes ne font pas plus grossir que les fruits ou les fromages cuits, pour citer des aliments considérés « de régime ». Une tranche de saucisson contient autant de calories qu'une louche de macaroni mais nourrit peu et menace votre taux de cholestérol. Ni les pâtes, ni les viandes, les huîtres ou les pommes de terre frites ne font grossir si vous n'en mangez qu'une fois par semaine... Et puis zut, quand la Callas a renoncé aux pâtes, elle a perdu sa voix et son envie de vivre. A vous de choisir.

TABLE DES PÂTES

Ne vous affolez pas de leurs multiples noms : il y a de nombreux doublons. Du nord au sud de l'Italie les pâtes changent d'appellation mais pas de forme. Sur les paquets de marque italienne aussi. Sur les paquets français, n'en parlons pas, leur nom est approximatif, et souvent absent. Il est donc important de mettre tout ça au clair et que vous ayez un repère : si le mot que j'utilise pour chaque type de pâtes ne figure pas sur votre paquet, français ou pas, guidez-vous par mon petit dessin. Il est grandeur nature. Pour les sortes de pâtes moins répandues, choisissez un équivalent, mais faites-moi plaisir, ne manquez pas, un jour, de faire des réserves dans un magasin spécialisé. La gaieté des pâtes provient également de leur variété. Et puis soyez poète : si aucun nom ne correspond aux pâtes que vous trouvez, ni sur ma liste, ni sur le paquet, inventez-le ! Le terme restera dans la famille. Vos enfants, vos amis le retransmettront, et qui sait, vous aurez peut-être enrichi le dictionnaire des pâtes !

PÂTES LONGUES

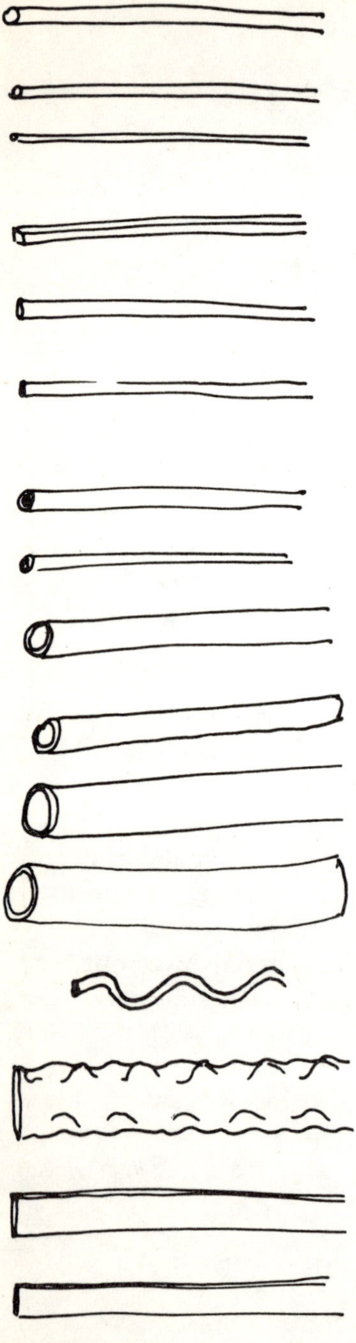

1) spaghetti = bigoli (à Venise)
2) spaghettini
3) capellini = vermicelli = fedelini *
4) spaghetti alla chitarra * = maccheroni alla chitarra (section carrée) *
5) lingue di passero = bavette = linguine (spaghetti plats)
6) linguine di passero = bavettine = trenette (taille en dessous)
7) bucatini = perciatelli
8) bucatini piccoli = perciatellini
9) zite
10) zite tagliate (zite coupées)
11) zitoni
12) zitoni tagliati
13) fusilli
14) lasagne *
15) fettuce *
16) fettucine *

---

* elles existent à l'œuf et sans. Lisez bien la confection.

PÂTES COURTES

17) penne

18) pennette = penne piccole (et 18 bis)

19) penne rigate (à nervures)

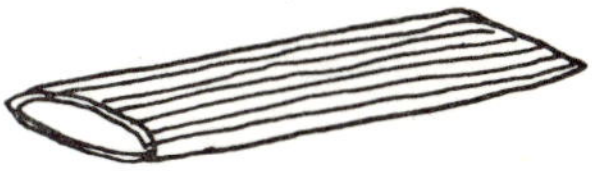

20) pennette rigate

21) rigatoni lisses

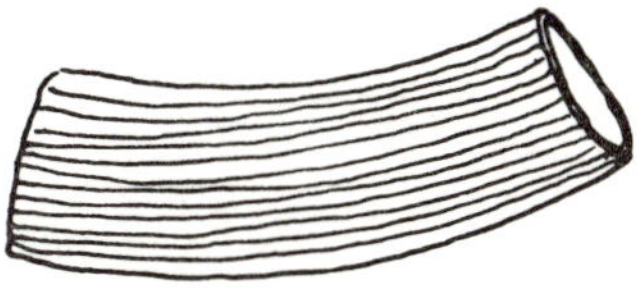

22) rigatoni rigati (à nervures)

23) sedani
= maccheroncini = mezzani

24) sedani rigati

25) bombolotti = tubetti

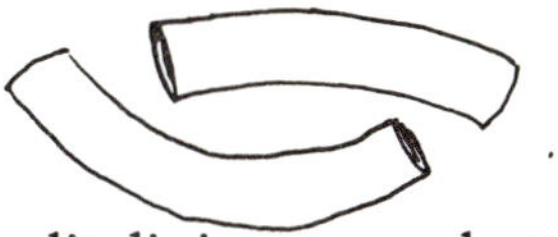

26) ditalini = gnocchetti
= maltagliati

27) macaroni = cannaroni
= cannolicchi = maniche
= maccheroni

28) macaroni rigati

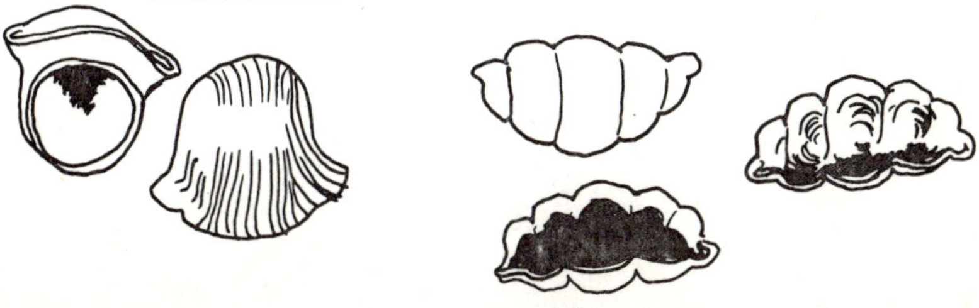

29) coquillettes = conchiglie = lumache = escargots

PÂTES COURTES

30) petites coquillettes

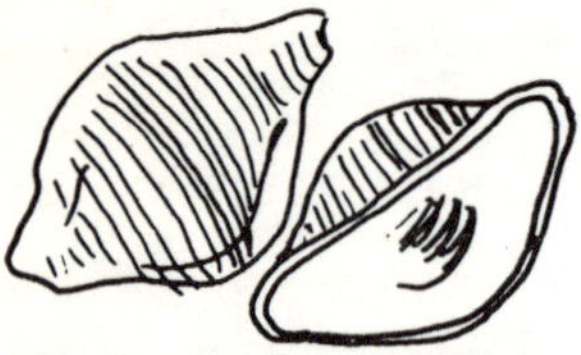

31) lumache rigate = escargots à nervures

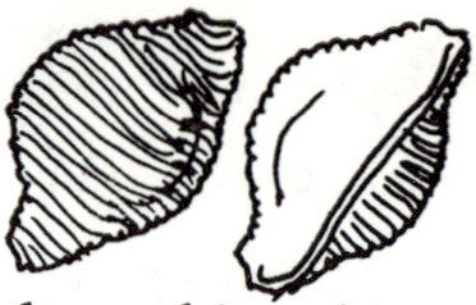

32) lumachine rigate = petits escargots à nervures

33) fusilli corti = totillons

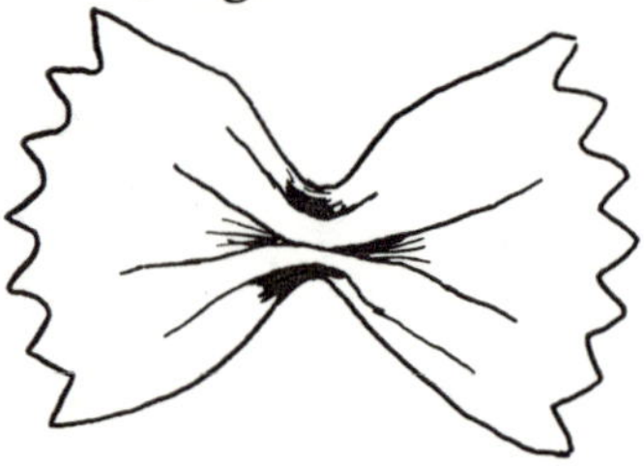

34) farfalle = papillons

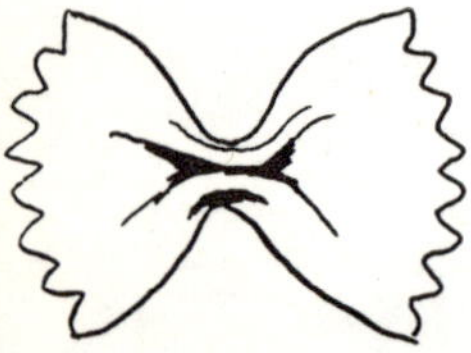

35) farfalle picolle = petits papillons

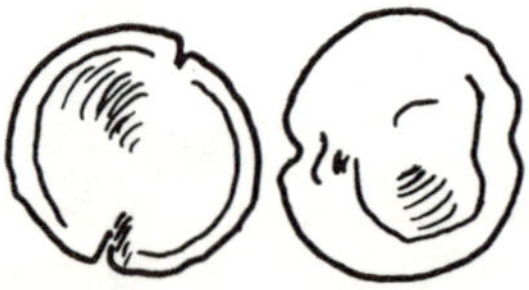

36) orecchiette

37) corallini = mezzi tubetti

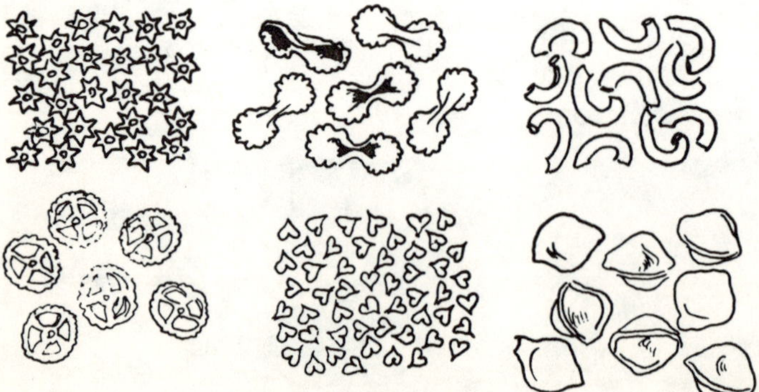

38) pâtes à potage

PÂTES À L'ŒUF

39) tagliatelle = fettucine = nouilles

40) tagliatelline = fettucine piccole

41) tagliolini = tagliarini =
cheveux d'ange

42) tagliatelle vertes

42 bis) pappardelle vertes

43) pappardelle = lasagnette

44) canneloni à farcir

45) lasagne (3 largeurs)

45 bis) lasagne à feston

45 ter) lasagnette festonnée

...Et je vous passe les mafaldine, millerighe, giganoni, Ave Maria, strangolapreti (étrangle-curé), fettucelle, lucciole, funghini, quadrettini, tripolini, nastrini, margheritine, cornetti, cavatappi, seme di melone, peperini, gramigna (mauvaise herbe), chifferi, tuffoli, elicoidali, diavolini, stortini, rotelle, pipe, étoiles, petits cœurs, tire-bouchons, yeux de perdrix, anneaux, triangles et autres losanges...

Et maintenant amusez-vous avec le grand puzzle des pâtes !

RECETTES DE BASE

LA SAUCE TOMATE

Rien de tel, avec des pâtes, qu'une bonne sauce tomate. Les tomates fraîches, en saison, sont délicieuses, mais avec les « pelati » (tomates pelées en boîte), on obtient, croyez-moi, de meilleurs résultats. Les tomates San Marzano, qui sont cultivées à cette destination, sont cueillies parfaitement mûres et sont mises en boîte immédiatement. La marque Cirio ne vous trahira pas. Les conservants, me direz-vous ? Je choisis leur danger plutôt que la fadeur d'une sauce. Combien de fois j'ai dû sauver une sauce aux tomates fraîches qui n'avait aucun goût en ajoutant du concentré en tube. Je n'aime guère les conserves, moi non plus, à deux exceptions près : les tomates pelées et le thon à l'huile (d'olive s'entend). Évidemment si vous êtes dans le Midi en plein été, je ne tiendrai pas ce langage. Mais je me souviens avoir ouvert des boîtes pelées à Rome en plein été...

Sauce tomate — recette de base n° 1 :

un kilo de tomates à sauce bien mûres,
un oignon,
quelques feuilles de basilic,
un bouquet de persil.

Lavez les tomates, coupez-les en morceaux, coupez l'oignon en lamelles et mettez dans une casserole avec les feuilles de persil entières et le basilic lavés. Aucun corps gras. Faites cuire doucement pendant une demi-heure, passez à la moulinette et gardez dans un récipient pour éventuelles sauces (une semaine au frigo).

Sauce tomate — recette de base n° 2 :

une boîte de 500 g de tomates pelées,
une gousse d'ail,
30 g d'huile d'olive,
4 feuilles de basilic,
1/2 sucre.

Faites revenir l'ail dans une casserole de taille moyenne (acier inoxydable optimum) avec l'huile d'olive. Dès qu'il est doré, versez les tomates pelées avec leur jus. Salez, poivrez et (un secret) mettez un demi-sucre (de canne, si vous avez). Couvrez et laissez cuire à feu doux une demi-heure en tournant fréquemment. C'est cuit quand toute l'huile d'olive est remontée à la surface.

Sauce tomate — recette de base n° 3 :

500 g de tomates pelées,
huile d'olive,
beurre,
un oignon,
sel, sucre, poivre.

Faites revenir l'oignon haché dans l'huile et beurre mélangés. A peine doré, versez les tomates, le sel et un demi-sucre. Couvrez et cuisez 25 minutes en tournant souvent.

Sauce tomate au lait — recette de base n° 4 :

coulis de tomate (3 bonnes cuillers à soupe),
ail, un petit oignon,
1/4 l de lait,
huile d'olive,
sel, poivre.

Faites revenir l'ail et l'oignon dans l'huile d'olive. Quand c'est doré, mouillez avec le coulis. Faites un peu prendre le goût des oignons et allongez doucement avec le lait chaud. Salez, poivrez. Laissez cuire 20 minutes. Cette recette-ci est française mais se pratique aussi en Lombardie.

LA SAUCE BOLOGNAISE

Voici une recette de base de la grande cuisine bolognaise, la plus riche et la plus raffinée d'Italie, comparable à notre tradition bourguignonne ou lyonnaise. Cuisine au beurre, au parmesan et aux délicieux lardons de Parme ou de Langhiranno. Chaque famille a sa recette et la garde jalousement. Il faut avoir épié une mamma émilienne (patronne de la maison incontestée) pour lui « voler le métier ». C'est ce que j'ai fait avec mon ex-belle-mère, grincheuse femme comme sont souvent les grandes cuisinières, mais, que Dieu ait son âme, ma curiosité aidant, je lui dois la plupart des secrets que je vous livre ici.

Contrairement aux préparations que j'affectionne pour leur rapidité et leur simplicité, celle-ci demande trois bonnes heures de présence et de concentration : il ne faut pas quitter la marmite et tourner la sauce sans cesse, malgré la lente cuisson à feu très doux. La vraie bolognaise est épaisse et rose pâle.

300 g de viande hachée maigre, passée une seule fois au hachoir (ma belle-mère, ennemie des machines, la hachait au couteau). On peut mélanger 150 g de porc (maigre) et 150 g de bœuf,
100 g de jambon cru ou de poitrine fumée maigre finement hachés sans os, couenne ni tendon,
un oignon, une carotte et une branche de céleri,
100 g de bon beurre,
coulis de tomate, bouillon, 1/2 litre de lait,
1/2 verre de marsala ou de sauternes
sel, poivre fraîchement moulu,
noix muscade,
une cuillerée de farine (facultatif).

Les sauces, je le répète, se cuisent dans des casseroles lourdes et *petites*. Les arômes doivent rester prisonniers sous des couvercles épais qui compriment le moins d'air possible. Je suggère la fonte, émaillée ou pas, ou la terre cuite, si vous en avez l'habitude. Si vous n'avez ni l'un ni l'autre, utilisez votre casserole en acier inoxydable à plus gros fond, mais pas de Tefal s'il vous plaît.

Hachez l'oignon, la carotte et le céleri et faites-les revenir dans la marmite avec les cent grammes de beurre. Quand c'est doré, ajoutez les viandes et le jambon (ou la poitrine fumée). Couvrez et faites revenir le tout doucement en mélangeant souvent. Quand c'est doré, ajoutez une cuillerée à soupe de concentré de tomate, et une cuillerée de farine si vous voulez. Tournez bien et mélangez le tout avant de verser un demi-verre de marsala ou de vin blanc doux. Salez (prudemment), poivrez et râpez généreusement la noix muscade.

Laissez cuire en tournant jusqu'à ce que le besoin de liquide se fasse sentir et versez par petites quantités le lait tiède et le bouillon chaud que vous aurez préalablement préparé avec une tablette de bouillon de bœuf, ou, merveille, un reste de vrai jus de pot-au-feu.

Couvrir et cuire à la plus petite flamme en surveillant sans cesse, pendant trois heures. On dit que la sauce est prête lorsque tout le gras est remonté à la surface. Si vous craignez que votre feu ne s'éteigne, ou que votre plaque électrique soit trop forte, utilisez un brise-feu. Goûtez en cours de cuisson pour juger du manque de sel, poivre ou tomate. A vous, selon la saveur de vos viandes, d'en corser le goût.

Cette sauce accompagne merveilleusement les tagliatelle, mais on peut très bien la servir sur des macaroni, des gros spaghetti ou des ravioli. Veillez à chauffer le plat et les assiettes avant de les y verser et, un secret, diluez 50 g de parmesan en crème au fond du plat avec un morceau de beurre et une louche de sauce avant d'y tourner les pâtes. Elles seront plus onctueuses. Encore 50 g de parmesan fraîchement râpé que vous saupoudrerez en neige sur les assiettes, pour l'œil...

LES TAGLIATELLE VERTES

Pour le coup, ne les achetez pas en paquet : elles ont un fond aigrelet et les vitamines des épinards, le fer, la chlorophylle, tout ça, se sont envolés.

500 g de farine blanche,
200 g d'épinards,
3 œufs frais,
sel.

Lavez soigneusement les épinards et faites-les cuire avec très peu d'eau (les gouttes qui restent accrochées aux feuilles en les sortant de la bassine suffisent). Idem pour les surgelés (en branches exclusivement). Salez pendant la cuisson et retirez du feu dès que les feuilles cèdent à la fourchette. Égouttez, laissez refroidir et faites une boule avec les mains pour en retirer toute l'eau. C'est important, s'il reste de l'eau il vous faudra plus de farine et vous risquez de durcir la pâte.

Passez les épinards au hachoir.

Sur la planche (ou sur le marbre) mettez la farine en montagne, faites un cratère au centre et versez les épinards et les œufs entiers. Pétrissez énergiquement. La pâte est assez compacte. Travaillez dix minutes en ajoutant, si nécessaire, un peu de farine. Laissez reposer un petit moment puis étendez la pâte plus ou moins finement, selon l'épaisseur de tagliatelle que vous souhaitez, en prenant bien soin d'enfariner la planche et votre rouleau à pâtisserie afin que ça n'attache pas. Enroulez cette feuille sur elle-même et coupez ce boudin en tranches de la largeur que vous aimez (passez-les à la machine si vous en avez une). Déroulez et laissez sécher sur la planche ou sur un plateau habillé d'un linge blanc. Elles sont prêtes à la cuisson (2 à 3 minutes) mais elles sont meilleures préparées une ou deux heures d'avance.

Ces pâtes se servent avec une bolognaise, une sauce aux foies de volailles, ou plus simplement du beurre, du fromage et une touche de crème fraîche.

Ma belle-mère, à l'estomac du début de siècle (en béton), les servait nappées d'une légère béchamelle fromagée, gratinées au four avec du parmesan.

LES PÂTES FRAÎCHES

500 g de farine,
4 œufs à coquille rose (les jaunes sont plus jaunes).

Faites un puits dans 400 g de farine que vous aurez versée sur le marbre. Mettez-y les œufs en les cassant un à un dans une tasse pour en vérifier la fraîcheur, sans les rompre. Incorporez-les à la farine à l'aide d'une fourchette en bois (le métal est déconseillé au contact des œufs), puis avec les mains. Pétrissez énergiquement pendant 15 minutes. Ajoutez un peu de farine si la pâte est trop molle. Il est difficile de vous donner la quantité de farine exacte car cela dépend de la grosseur et de la fluidité des œufs. La pâte doit être assez dure, il sera plus facile de l'étendre. Pétrissez jusqu'à ce que se forment des petites bulles d'air en surface, faites une boule et étendez-la sur le marbre légèrement enfariné. Étendez une fine feuille de pâte d'égale épaisseur. Travaillez calmement et prenez soin qu'il n'y ait pas de courant d'air dans la cuisine. Couvrez d'un torchon blanc et laissez un peu sécher pour couper dans le format qui vous convient :

en papillons carrés, pour les bouillons,
en lasagne de 7 ou 8 centimètres de large,
en pappardelle de 2 centimètres de large,
en tagliatelle d'un centimètre de largeur,
en fettuccine d'un demi-centimètre de largeur,
en tagliolini, très fins.

Pour les quatre derniers types de pâtes, enroulez la feuille de pâte légèrement enfarinée et coupez ce boudin au couteau. Puis desserrez les petits « nids » un par un et laissez sécher sur un plateau entre deux linges, à l'abri du froid et de l'humidité.

RECETTES
DES QUATRE SAISONS

LES PÂTES AU BIFTECK

Il vous reste une tranche de viande que vous avez achetée en trop ? Voici un moyen de nourrir quatre personnes le lendemain avec ce bifteck perdu. Au lieu de le manger tristement en solitaire, pour ne pas gaspiller...

350 g de spaghetti,
un ou deux biftecks,
300 g de tomates pelées
(fraîches en saison),
un bouquet de persil,
une poignée de câpres au sel,
huile d'olive, ail,
sel, poivre, origan.

Mettez dans une sauteuse un demi-verre d'eau et quatre cuillerées d'huile d'olive. Dès que ça bout, mettez-y les tranches de viande battues et aplaties, les tomates épépinées et coupées en morceaux, le persil haché grossièrement, une ou deux gousses d'ail haché, et les câpres dessalées dans l'eau froide. Laissez cuire à feu modéré pendant une petite demi-heure.

A côté, mettez à bouillir une grande casserole d'eau salée où vous plongerez les spaghetti neuf minutes. Égouttez-les bien « aldente » (goûtez toujours, on peut avoir des surprises selon la journée, pluvieuse ou ensoleillée, car l'humidité et la pression atmosphérique ont une influence sur l'ébullition), et assaisonnez-les dans un plat chaud avec la sauce. La viande n'a plus grand goût mais, en revanche, la sauce « pizzaiola » (c'est le nom napolitain de cette recette pour famille nombreuse fauchée) est épatante. Ne tentez pas de hacher la viande, vous gâteriez votre sauce. Mangez-la froide enroulée d'une feuille de salade ou, ne soyez pas chiche, faites un heureux : le chien.

LES PÂTES AUX QUATRE FROMAGES

Le fromage est ma nourriture de base. Allié traditionnel des pâtes, il les met en valeur pour me combler. Les fromages que j'ai choisis pour cette recette, sont, à mon goût, les plus efficaces ensemble. Mais vous pouvez jouer à en marier d'autres, surtout en voyage où on fait des découvertes. En Angleterre, j'ai fait des expériences avec le cheddar et le stilton. En Grèce, je me suis amusée avec des lasagne à la feta ; en Tunisie, le lait fermenté me servait de crème. Un acteur doit pouvoir faire un spectacle n'importe où avec deux tréteaux, une chaise et une moustache en coton. Une habile cuisinière peut inventer de bons plats partout avec les produits qu'elle trouve sur place. J'espère que mon petit manuel vous donnera l'envie, l'audace et la joie de créer vos propres délicieuses recettes : les pâtes sont généreuses, elles vous le permettront.

Un paquet de 500 g de macaroncini,
100 g de parmesan,
100 g de comté,
100 g de fontina ou appenzel,
100 g de triple crème. (mascarpone),
50 g de gorgonzola (facultatif),
lait entier ou crème fraîche
(une cuillérée).

Mettez tous les fromages râpés dans le plat où vous servirez les pâtes. Battez et mouillez avec quelques gouttes de lait entier ou de crème fraîche. Mettez le plat sur un chauffe-plats et faites fondre doucement les 4 (ou 5) fromages en les écrasant avec une fourchette. Poivrez bien.

Pendant ce temps-là les pâtes cuisent dans leur eau bouillante salée. Dès qu'elles sont cuites, égouttez-les et versez-les dans le plat en tournant énergiquement. Remuez longuement, poivrez encore et servez dans des assiettes chaudes. Cette recette a toujours beaucoup de succès. Fanatiques du beurre, faites ici ce que vous voulez, mais il n'est pas vraiment indispensable.

La pointe de bleu (gorgonzola) est facultative. Les enfants préfèrent sans. Je suis comme eux.

LES PÂTES PIQUANTES AUX ANCHOIS ET AUX CÂPRES

un paquet de tortillons (fusilli) 500 g,
500 g de tomates pelées,
80 g d'huile d'olive,
3 anchois au sel (ou une petite boîte d'anchois à l'huile d'olive),
2 gousses d'ail,
une poignée de câpres au vinaigre,
un piment doux ou purée d'harissa,
persil, sel.

Lavez les anchois au sel et nettoyez-les de leurs arêtes. Faites-les revenir dans une petite cocotte avec l'ail entier. Écrasez bien les anchois avec une fourchette. Ajoutez ensuite les tomates épépinées et coupées en morceaux, le piment et le persil haché. Au bout de dix minutes, ajoutez les câpres égouttées et laissez cuire encore 10 minutes en allongeant avec un peu d'eau tiède si nécessaire.

Faites cuire les pâtes dans une grande casserole d'eau bouillante pas trop salée, égouttez-les « al dente » et assaisonnez avec la sauce, sans ajouter de fromage. C'est un plat simple extrêmement savoureux.

L'OMELETTE AUX PÂTES

Pique-nique idéal, elle se mange chaude ou froide. Plus « tortilla » qu'omelette baveuse française, elle est cuite des deux côtés. Recyclez vos restes de pâtes nature, ou carbonara. Ne vous y risquez pas avec d'autres.

restes de pâtes 100 g minimum,
7 œufs,
50 g de parmesan,
beurre, sel, poivre.

Hachez grossièrement vos restes de pâtes et mettez-les à revenir à feu doux dans une poêle Tefal avec du beurre. Quand elles sont déjà un peu croquantes, versez-les, pas trop chaudes, dans une terrine avec les œufs battus (un œuf par personne, plus un pour la poêle) et 50 g de parmesan. Si vous voulez faire une finesse, battez les blancs en neige à part, puis incorporez-les au reste. Salez, poivrez. Essuyez la poêle avec du papier de cuisine et remettez-la sur un feu vif. Quand elle est chaude, versez la mixture œufs-pâtes. Faites dorer, retournez à l'aide d'un plat rond plus grand que la poêle que vous poserez en couvercle. Dorez l'autre côté et servez sur le plat rond garni d'un papier à tarte. L'omelette doit être assez épaisse.

Coupée en fines tranches, elle accompagnera magnifiquement les apéritifs.

LES PÂTES AUX OLIVES NOIRES (PUTTANESCA)

J'aime les petites olives noires et dures de Gaéta, mais il y a beaucoup d'espèces d'olives délicieuses, grecques, françaises, portugaises et même californiennes. Avec ces dernières, j'ai fait merveille à Los Angeles, bien que j'eusse trouvé tout ce que je voulais là-bas dans les « delicatessen » incroyablement fournis en produits européens. Je crois que j'ai mangé mon meilleur jambon de Parme à Beverly Hills, chez Dean Martin, mon partenaire d'un film. Je jouais le rôle d'une Française vue par Hollywood : je portais un petit tablier et je lui faisais goûter une quiche lorraine ou une bouillabaisse à chaque coin de scène. Sommes-nous si obsédés par la nourriture, nous les Français ?

un paquet de spaghetti 500 g,
500 g de tomates pelées,
100 g d'huile d'olive,
100 g d'olives noires (sans noyaux)
100 g d'anchois,
50 g de câpres au sel,
coulis de tomate, une gousse d'ail
un piment doux, sel.

Hachez l'ail et nettoyez les anchois. Mettez-les à revenir dans une cocotte avec 50 g d'huile. Ajoutez le piment doux en petits morceaux. Quand l'ail est noir, retirez-le puis mettez les tomates avec les olives dénoyautées et coupées en quatre. Lavez bien les câpres pour les dessaler (n'utilisez pas celles au vinaigre) et mettez-les dans la cocotte avec une cuillerée de coulis (la sauce doit être bien rouge). Tournez bien et laissez sur le feu jusqu'à ce que les spaghetti soient cuits : vous venez de les jeter en pluie dans une grande casserole d'eau bouillante salée. Égouttez les pâtes « al dente » et assaisonnez-les avec la sauce et le reste d'huile d'olive crue.

LES PÂTES AUX AMANDES

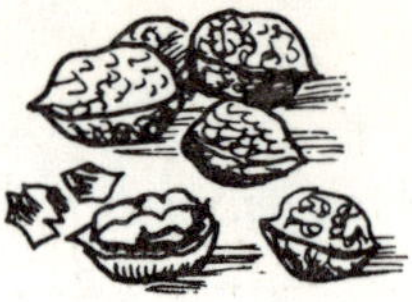

un paquet de sedani 500 g,
100 g d'amandes,
30 g de noix,
huile d'olive, lait, cannelle,
sel, noix muscade,
un peu de sucre en poudre.

Plongez les amandes dans l'eau bouillante pour pouvoir les peler. Faites-les légèrement griller au four, puis broyez-les au mixer une fois refroidies, avec les quelques noix. Dans une terrine, mélangez-les avec huit cuillerées d'huile d'olive une à une, et 5 cuillerées de lait froid. Tournez bien afin d'obtenir une pâte homogène. Salez et ajoutez une bonne dose de noix muscade râpée, une pincée de cannelle et une demi-cuillerée de sucre en poudre. Tournez bien. Dans une grande casserole d'eau bouillante salée, mettez à cuire les pâtes. Égouttez « al dente » et assaisonnez avec la crème d'amande allongée avec un peu d'eau de cuisson s'il faut.

Variante : On peut ajouter un petit-suisse 60 % matières grasses, dans la pâte d'amande.

LES SPAGHETTI AUX CHAMPIGNONS SECS

1 paquet de spaghetti (500 g)
10 g de champignons secs
(cèpes par exemple)
50 g de pignons,
2 anchois au sel ou à l'huile,
6 tomates mûres ou une petite boîte
de tomates pelées,
huile d'olive, ail, sel.

Mettez les champignons à tremper une heure. Nettoyez, rincez, essuyez. Nettoyez les anchois de leurs arêtes et mettez-les dans votre hachoir électrique avec les champignons, deux gousses d'ail et les pignons. Dans un petit faitout, mettez 80 g d'huile et faites revenir les tomates coupées et épépinées. Ajoutez la crème de champignons, tournez et laissez cuire une demi-heure à feu bas. Jetez en pluie les spaghetti dans l'eau bouillante salée, et quand ils sont cuits, assaisonnez-les avec un peu de beurre et cette sauce dense et parfumée. Poivrez et servez aussitôt dans des assiettes chaudes.

Cette petite sauce est également délicieuse sur du riz, ou sur des viandes bouillies.

LES PÂTES AU LAIT

On m'avait dit que cela existait. Je les ai cherchées longtemps avec ma folie de collectionneuse : je les ai enfin mangées à Bari, dans une famille grecque. C'est, paraît-il, une antique recette byzantine.

300 g de fettucine à l'œuf (idéalement : faites à la maison),
un litre et demi de lait,
2 œufs,
sel, poivre.

Salez légèrement le lait et mettez-le sur le feu. Dès qu'il va bouillir, mettez-y les pâtes et laissez cuire en surveillant qu'elles n'attachent jamais. Quand elles sont cuites, diluez deux jaunes d'œufs dans le lait et servez à la louche dans des assiettes à soupe. C'est un plat pour enfant malade extrêmement délicat.

LES PÂTES EN COLÈRE (ARRABBIATA)

Pour les grands malades de cuisine épicée, cette recette est un test de résistance au feu. Un conseil : dans une bouche enflammée ne mettez que du vin. L'eau n'apaise pas mais avive au contraire la brûlure. Sachez aussi que le piment est bénéfiq ue : il cautérise tous vos bobos buccaux, dentaires et intestinaux. Le foie est moins content de son passage, mais que voulez-vous : tout le monde ne peut pas jouir en même temps...

un paquet de penne lisses 500 g,
500 g de tomates pelées,
une gousse d'ail,
3 piments secs (peperoncini)
ou harissa en pot,
100 g d'huile d'olive,
persil plat.

Faites revenir dans une cocotte l'ail et le piment entier vidé de ses graines. Attention à ne pas vous frotter les yeux ensuite, vos doigts piquent. Seul un lavage prolongé avec du savon de Marseille vous en débarrassera ! Ne mettez pas non plus votre visage au-dessus de la casserole, les vapeurs du piment imprégneraient votre peau. Faites revenir dans une cocotte l'ail et le piment et versez les tomates, le persil, une pincée de sucre et du sel. Laissez mijoter une demi-heure.

Faites bouillir les penne dans l'eau salée où vous aurez versé une cuillère à café d'huile d'olive. C'est un truc (pas prouvé) pour que les pâtes n'attachent pas. J'y vois plutôt un système pour que la surface de l'eau en ébullition alourdie par l'huile ne déborde pas en écume. Les pâtes sont comme les shampooings, plus elles sont de bonne qualité, moins elles font d'écume. Méfiez-vous des pâtes qui dégagent un bouillon trouble et mousseux : elles ne sont pas de blé dur. Quand les pâtes sont cuites, assaisonnez-les avec votre sauce et servez sans fromage. On peut finir avec une volée de persil haché.

LES PÂTES BEURRE, POIVRE ET PARMESAN

Un classique qui reste grandiose. Mais suivez bien mes petits trucs pour que ces spaghetti-minute aient vraiment de la classe.

un paquet de spaghetti n° 5,
100 g de beurre,
100 g de parmesan,
3 poivres (gris-blanc-noir)

Pendant que les spaghetti cuisent dans leur grande casserole d'eau bouillante salée, faites fondre, dans le fond du plat où vous les servirez, le beurre et le parmesan, sur un chauffe-plats pas trop chaud.

Remplissez votre moulin à poivre de trois sortes de poivre : du gris, du blanc et du noir. Moudre une première volée dans le plat.

Quand les pâtes sont cuites, égouttez-les sommairement et versez-les dans le plat en tournant énergiquement et en grattant bien le fond pour que le fromage aille dans votre estomac et non dans la machine à laver. Poivrez une dernière fois et servez. Le parmesan doit gainer les spaghetti comme une crème. Si vous êtes gourmands, augmentez la proportion de beurre et de fromage...

LA CARBONARA

Je crois que je peux me vanter d'en faire une des meilleures que je connaisse. Cette recette apparemment simple demande des précautions qui modifient complètement le goût et l'aspect du plat. Je les ai servies à un ministre, amateur de cinéma et de bonne cuisine. C'est peut-être ainsi que j'ai gagné quelques points vers mon ruban des Arts et des Lettres qui est donné depuis peu à des grands chefs de cuisine. Entre artistes...

500 g de spaghetti,
150 g de poitrine fumée maigre,
3 gros œufs ou 4 petits,
100 g de parmesan,
beurre et huile d'olive,
poivre, sel,
une cuillerée de crème fraîche (facultatif).

Faites revenir la poitrine fumée coupée en petits lardons dans un peu d'huile d'olive. En fin de cuisson on peut les dégraisser en les aspergeant de quelques gouttes de vin (blanc de préférence). Pendant que les spaghetti cuisent dans leur grande casserole, tournez au fond du plat où vous servirez les pâtes, les jaunes d'œufs, le parmesan, une noix de beurre, une cuillerée d'huile d'olive et, si vous voulez, la crème fraîche. Poivrez et versez doucement dans la préparation d'une demi-louche d'eau de cuisson des pâtes. Tournez bien pour former une crème. Le but est de ne pas cuire l'œuf en petits grumeaux secs au contact des pâtes chaudes, mais de laisser à la sauce toute son onctuosité. Quand les spaghetti sont cuits, égouttez-les et versez-les petit à petit dans le plat en remuant immédiatement. Ajoutez les lardons croquants, et si vous avez l'estomac solide, leur exquise huile. Tournez bien, et si c'est trop sec, ajoutez encore un peu d'eau de cuisson (il est toujours sage d'en garder) ou de crème fraîche. Poivrez et servez aussitôt dans des assiettes chaudes. La carbonara n'attend pas.

S'il en reste (j'en doute), faites-en une omelette le lendemain (voir la recette de l'omelette aux pâtes).

LES SPAGHETTI AGLIO-OLIO

500 g de spaghetti,
100 g de très bonne huile d'olive,
persil plat,
deux belles gousses d'ail,
un piment doux séché,
sel.

Pendant que les spaghetti cuisent dans leur abondante eau bouillante (à gros bouillons, toujours), faites revenir dans une petite poêle l'ail coupé en lamelles. Frire lentement dans deux bons doigts d'huile d'olive, avec le piment entier dont vous aurez vidé les graines. Quand l'ail est presque noir, retirez-le et jetez dans l'huile chaude le persil haché.

Égouttez les spaghetti en gardant une tasse d'eau de cuisson. Assaisonnez rapidement les pâtes avec l'huile chaude, tournez et servez aussitôt. Humectez avec un peu d'eau de cuisson, si nécessaire. Les spaghetti doivent glisser comme des petites anguilles.

La même recette existe sans persil.

Ce plat très populaire est celui des coups de faim de minuit (parties de cartes prolongées ou jeux divers). Mari et femme ont intérêt à en manger tous deux.

LES PÂTES AUX CROÛTONS

un paquet de bucatini 500 g,
150 g de pain en tranches,
6 anchois au sel ou une petite boîte d'anchois à l'huile d'olive,
100 g d'huile d'olive,
poivre noir, sel,
50 g d'olives noires et 50 g de câpres (facultatif).

Lavez les anchois, enlevez les arêtes et dessalez sous l'eau. Mettez-les à fondre dans une petite poêle avec 50 g d'huile à tout petit feu. Mettez les pâtes à bouillir dans une grande eau pas trop salée. Dans une autre poêle faites frire le pain coupé en petits croûtons avec le reste d'huile. Quand les pâtes sont cuites, assaisonnez-les avec les croûtons et les anchois. On peut ajouter aux anchois quelques olives noires hachées et des câpres (fraîches ou dessalées).

LES PÂTES À LA CHAPELURE

Ce sont les mêmes, encore plus pauvres : on fait revenir de la chapelure dans un demi-verre d'huile avec deux gousses d'ail et de l'origan. C'est délicat : il faut que la chapelure soit très fraîche et donc sèche, afin qu'elle ne fasse pas de grumeaux ni d'écume dans la poêle. Attention à ne pas la brûler. Otez l'ail et assaisonnez les pâtes. La chapelure les habille et donne l'illusion du fromage : un ersatz inventé au fond des landes calabraises.

LES PÂTES AU GORGONZOLA ET VODKA

La vodka a fait son entrée dans la nouvelle cuisine, pas toujours d'une façon heureuse. Son parfum prononcé ne s'accommode bien, à mon goût, que d'un partenaire à forte personnalité. Le gorgonzola, main de fer sous une pâte de velours, est indiqué. N'essayez pas de le remplacer par du roquefort, ce n'est pas du tout le même type de bleu. Le stilton, à la rigueur...

La recette est toute simple :

un paquet de 500 g de pennette,
100 g de gorgonzola,
100 g de parmesan,
100 g de crème fraîche épaisse,
50 g de noix épluchées,
un petit verre à cognac
de vodka nature (sans parfum),
sel, poivre.

Dans le grand plat chaud où vous servirez les pâtes, diluez le gorgonzola, le parmesan, la crème fraîche avec la vodka. Jetez les pâtes dans une grande casserole d'eau bouillante et laissez cuire sans couvercle (vous pouvez couvrir un instant dès que vous aurez mis les pâtes afin de faire reprendre l'ébullition). Quand elles sont prêtes (8 à 9 minutes), égouttez-les soigneusement et versez-les dans le plat en ajoutant les noix en petits morceaux. Tournez, poivrez et servez aussitôt dans des assiettes chaudes. Entre les tournées (ne servez pas d'énormes portions, il est agréable qu'on vous en redemande), mettez le plat au chaud sur l'eau de cuisson que vous aurez recueillie dans une autre casserole. La vodka sert de révélateur au gorgonzola. C'est une délicieuse recette pour adultes ; les enfants n'aiment en général pas les fromages fermentés.

LE GRATIN DE MACARONI

J'ai un faible pour ce gratin de macaroni bonne femme, plat de famille et plat unique par excellence. Petit dîner pour amis proches. Même récalcitrants aux pâtes (il y en a : ceux qui ne me connaissent pas !) ou qui ont des idées préconçues sur les « pâtes alimentaires ».

Autrefois, dans les bonnes maisons, les gratins étaient le menu du dimanche soir, jour de congé de la cuisinière qui les préparait d'avance, prêts à mettre au four. Vous pouvez en faire autant un jour où votre mari, vos enfants ou votre Jules auront à faire le dîner sans vous. Mais de grâce, pas de séjour au frigo trop prolongé, cuisinez le matin pour le soir, au pire la veille, et demandez qu'on le sorte une bonne heure du frigidaire avant de le mettre au four.

500 g de pâtes à gratin
(macaroni, sedani, tubetti),
150 g de mortadelle,
150 g de gruyère râpé,
150 g de parmesan,
100 g de beurre,
1/2 litre de lait, farine,
noix muscade,
sel, poivre.

On fait bouillir les pâtes à grande eau, comme d'habitude, et on les sort à mi-cuisson (4 à 5 minutes). Mettez-les à refroidir dans leur égouttoir, et conservez un bol d'eau de cuisson. Dans une petite casserole, faites une béchamel légère.

La béchamel : je vous donne ma recette-santé qui ne m'a jamais trahie : diluez deux cuillerées de farine dans un peu de lait. Attention aux grumeaux mais ils sont très contrôlables à froid. Mettez un bon morceau de beurre et cuisez à feu très doux en tournant sans cesse et en versant petit à petit le lait bouilli et tiède. Salez et râpez une bonne dose de noix muscade. Attention encore aux grumeaux, mais le danger, avec ma méthode, devrait être écarté. Les casseroles Tefal sont providentielles. Comptez vingt minutes attentives de cuisson.

Quand vous achetez la mortadelle, demandez au charcutier de vous la couper en tranches épaisses (numéro 4 ou 5 de sa machine). Pelez-la et découpez la partie dure extérieure, s'il y a lieu. La mortadelle de Bologne, la plus savoureuse, est de large section. Elle n'est pas toujours facile à trouver. Les autres sont bien sûr acceptables, mais veillez à ce que la coupe soit fraîche. J'ai essayé de remplacer la mortadelle par du jambon cuit, ça ne marche pas. Rien n'égale le riche parfum de la mortadelle. Découpez-la en petits cubes de 1 cm en quadrillant les grosses tranches avec le couteau comme le plan d'une ville américaine, et déposez-les dans un grand bol. Râpez le parmesan et le gruyère dans deux bols respectifs.

Dans un plat à gratin pas trop haut (terre cuite, pyrex, acier inoxydable ou Tefal), présentable à table, soigneusement beurré, déposez successivement : une couche de pâtes (détachées, le cas échéant, en trempant vos doigts dans le bol d'eau de cuisson), une couche de gruyère, une couche de mortadelle, une couche de parmesan. Recommencez jusqu'à épuisement des produits. Versez la béchamel bien répartie (elle recouvre à peine les pâtes), finissez avec une petite couche de parmesan, quelques coquilles de beurre, poivrez et mettez au four chaud pendant une bonne demi-heure.

Servez chaud, mais pas trop. Les pâtes ne sont pas molles, les fromages font des fils et le dessus est gratiné.

S'il en reste, réchauffez le lendemain au micro-ondes ou avec un peu de lait dans une poêle Tefal. Si vous partagez mon amour des restes, vous m'en direz des nouvelles…

LES PÂTES AU VIN BLANC

Encore une recette de marin, facile à préparer à bord d'un bateau. A Rome, elle s'appelle « alla pescatora » (du pêcheur). Comme chacun sait, les pêcheurs ne touchent pas à leur pêche. C'est donc la version pauvre d'une recette de pâtes au poisson, coquillages, calamars, crustacés, etc.

un paquet de spaghetti 500 g,
une boîte de tomates pelées de 500 g,
un grand verre de vin blanc sec,
ail, sel, poivre, huile d'olive.

Écrasez 2 gousses d'ail avec le pouce et faites-les revenir dans une petite casserole, n'attendez pas qu'elles soient noires pour verser d'un coup le vin blanc. Attention à l'huile bouillante qui peut vous sauter au visage. Quand le vin s'est évaporé, mettez les tomates pelées en morceaux, salez, poivrez et laissez cuire encore quinze minutes. Enlevez l'ail et assaisonnez les spaghetti avec cette sauce. Pas de fromage. En fermant les yeux, vous leur trouverez un goût de poisson de Méditerranée...

LES PÂTES AU THON

un paquet de « zite » 500 g,
une boîte de thon
à l'huile d'olive de 150 g,
un oignon,
500 g de tomates pelées
ou de tomates fraîches bien mûres,
deux anchois salés (ou à l'huile),
une gousse d'ail,
une feuille de basilic (en saison),
un petit bouquet de persil plat,
huile d'olive, sel, poivre,
une pointe de piment doux (facultatif).

Lavez, égrainez et pelez les tomates — ou plus simplement ouvrez une boîte de bonne marque. Lavez bien les anchois pour les dessaler, enlevez les arêtes, ou ouvrez une petite boîte d'anchois à l'huile d'olive. Hachez l'ail et l'oignon et faites-les revenir dans 50 g d'huile d'olive avec les anchois. Quand l'oignon est transparent (attention à ne jamais le brûler, le fumet d'oignon carbonisé abîme toutes les sauces), versez les tomates dans leur jus, du poivre, une pincée de sucre. Salez légèrement. Laissez cuire 20 minutes et ajoutez le thon égoutté et haché à la fourchette. Ajoutez persil, basilic et piment doux si vous voulez. Faites cuire encore cinq minutes, pas plus. Pendant ce temps, vous aurez mis les pâtes à bouillir dans leur abondante eau salée. Quand elles sont cuites, assaisonnez-les avec la sauce, en ajoutant un peu d'huile d'olive, si nécessaire.

Il y a deux écoles : celle qui met le thon et le persil à revenir au début avec les anchois ; ou celle que j'ai adoptée, qui met le thon à la fin. Je la trouve plus légère et plus clairement parfumée au thon. Mais ce sont là des subtilités de chapelles. Les deux formules sont excellentes.

LA TIMBALE DE TAGLIATELLE

C'est une version plus aristocratique du gratin de macaroni. Je ne vous ai pas caché mes sentiments, toute princesse que je suis, je préfère la cuisine populaire. Mais la délicatesse de cette timbale de tagliatelle ne laisse pas mon palais insensible. Ma belle-mère, précieuse chipie, « tirait » la pâte des tagliatelle elle-même. Ne vous lancez pas là-dedans, vous n'en obtiendriez jamais la finesse et l'élasticité requises. Je ne suis pas plus idiote qu'une autre et je m'y suis gâché la bonne humeur plusieurs fois. Les tagliatelle à l'œuf du commerce sont merveilleuses. Les Barilla, ou les De Cecco, encore, sont mes préférées (je n'ai aucun accord de publicité avec eux, je vous le jure).

500 g de tagliatelle,
100 g d'emmenthal suisse,
100 g de parmesan,
100 g de beurre,
un verre de lait,
4 œufs, deux cuillerées de farine,
sel, poivre, noix muscade.

Jetez les pâtes dans l'eau bouillante salée, égouttez-les à mi-cuisson et laissez-les refroidir dans l'égouttoir.

Mélangez dans une casserole le gruyère et le parmesan râpés, la farine, le lait et la noix muscade. Mettez à feu doux jusqu'à ébullition. Retirez du feu et attendez que ce soit froid pour y ajouter les 4 jaunes d'œufs et les tagliatelle cuites. Tournez doucement avec 50 g de beurre. Salez, poivrez. Montez les quatre blancs en neige et introduisez-les délicatement au mélange.

Beurrez jusqu'au bord un plat à four haut et versez-y cette composition. Mettez sans tarder à four chaud 25 à 30 minutes. Attention à ne pas brûler le dessus : une petite feuille de papier aluminium posée rapidement en fin de cuisson vous le garantira. Servez aussitôt dans des assiettes chaudes avant que ça ne dégonfle, comme un soufflé.

LA MATRICIANA

un paquet de spaghetti 500 g,
500 g de tomates pelées,
200 g de poitrine fumée,
2 ou 3 piments doux séchés
ou harissa,
un oignon,
une tasse de bouillon,
sel, poivre,
huile d'olive (facultatif).

Coupez la poitrine fumée en lardons et mettez-les à revenir dans une cocotte avec ou sans huile d'olive selon qu'ils sont gras ou pas. Quand ils sont bien dorés ajoutez l'oignon haché finement et continuez la cuisson à feu doux. Quand les oignons sont transparents, versez les tomates en morceaux, un piment entier vidé de ses graines, pour commencer, du sel, du poivre et une pincée de sucre. Couvrez et laissez cuire 40 minutes en tournant fréquemment et en arrosant de bouillon si c'est utile. Goûtez, ajoutez du piment si ce n'est pas assez relevé. Jetez les pâtes dans une grande casserole d'eau bouillante salée (ne faites pas comme une amie américaine qui les mettait dans l'eau froide et partait téléphoner pendant 20 minutes !). Dès que les pâtes sont dans l'eau, il ne faut plus les quitter, surveillez leur cuisson « al dente », égouttez rapidement dès qu'elles sont cuites et assaisonnez-les avec la sauce matriciana (ou amatriciana) sans rajout de fromage. C'est une classique recette de Fellini qui a décrit Rome comme personne, bien qu'il soit… de Rimini (Romagne).

LES PÂTES DES MAL DENTÉS

Il faut penser à eux. On s'inquiète des mal-entendants et des mal-voyants, mais on ne plaint pas assez les mal-mastiquants. Quand les enfants souffrent de la percée de leurs dents, les vieux de la perte des leurs, et que vous dégustez une carie, se nourrir devient un problème. Les pâtes sont là, fidèles à vos besoins ! Soyons honnêtes, ce ne sont pas tout à fait des pâtes. Mais elles leur ressemblent, et vous bénirez leur doux moelleux. J'en ai donné à mon fils Guido quand il avait les oreillons. Depuis il prétexte toutes sortes de maux de gorge imaginaires pour m'en réclamer.

recette régime :

2 œufs,
80 g de parmesan râpé,
150 g de chapelure (faites-la vous-même avec du pain blanc sec),
sel, noix muscade,
un litre et demi de bouillon (home-made ou en tablette).

Faites une pâte bien dure avec tous les ingrédients. Si elle est trop molle, ajoutez de la chapelure et du fromage. Râpez-la avec la râpe à gros trous au-dessus d'un plateau recouvert d'un linge blanc. Mettez le bouillon sur le feu : quand il bout, jetez-y les pâtes. Elles sont cuites dès qu'elles remontent à la surface. Servez aussitôt. C'est aussi bon avec du bouillon de poule.

recette riche :

120 g de parmesan râpé,
120 g de chapelure de mie de pain blanc,
30 g de moelle de bœuf très fraîche,
3 œufs, un citron,
sel, noix muscade,
un litre et demi de bon bouillon.

Cassez les œufs dans une terrine, râpez un peu de noix muscade, de zeste de citron, salez et battez-les à l'aide d'une fourchette. Ajoutez le parmesan, la chapelure et la moelle un peu écrasée. Mélangez bien tout ensemble, jusqu'à obtenir une pâte homogène un peu plus ferme qu'une purée de pommes de terre. Si c'est trop sec, humectez avec quelques gouttes de bouillon ; si au contraire c'est trop liquide, ajoutez du pain et du fromage. Il existe une machine spéciale pour passer ces pâtes (voir dessin). Si vous n'avez rien d'approchant, utilisez les plus grands trous de votre râpe à fromage manuelle, ou le presse-purée avec la plus large grille. Vous formerez des petits cylindres de pâte que vous ferez tomber sur un linge en les étalant sans les écraser. Jetez-les dans le bouillon en ébullition, ils sont cuits dès qu'ils remontent à la surface. Versez aussitôt dans la soupière et servez. Ça glisse, ça fond dans la bouche et c'est absolument délicieux.

RECETTES DU PRINTEMPS

LES PÂTES AUX ALOUETTES SANS TÊTE

un paquet de coquillettes,
600 g d'escalope de veau,
400 g de tomates pelées,
200 g de jambon cru
avec son gras,
un oignon, une carotte,
une branche céleri,
sauge aromatique,
vin blanc sec,
huile d'olive, sel, poivre,
une mozzarella, parmesan.

Faites couper par le boucher des escalopes aussi fines que possible et demandez-lui de les passer au rouleau afin de bien les écraser. Coupez-les en banderoles de cinq centimètres de large et coupez les tranches de jambon cru en lamelles transversales de trois centimètres : chacune doit avoir un morceau de gras. Coupez la mozzarella en cubes gros d'un doigt. Roulez la viande autour du jambon, d'un cube de mozzarella et d'une feuille de sauge. Transperçez chaque *roulé* avec un cure-dent en bois.

Hachez l'oignon, la carotte et le céleri et mettez à revenir dans une cocotte avec l'huile d'olive. Quand ils sont dorés, déposez les *roulés* et faites les revenir à leur tour. Tournez et mouillez avec du vin blanc sec. Quand il est réduit, versez les tomates coupées en morceaux. Salez, poivrez, couvrez et laissez cuire une petite heure à feu doux, en mouillant de temps à autre avec de l'eau ou du bouillon, si c'est utile.

Versez les pâtes dans une grande casserole d'eau bouillante salée, tournez, faites cuire « al dente ». Puis égouttez et assaisonnez dans un grand plat chaud avec les *roulés,* leur sauce, quelques coquilles de beurre et du parmesan (facultatif).

On peut réussir cette recette sans mozzarella.

LES PÂTES AUX FÈVES FRAÎCHES ET AUX ARTICHAUTS

La saison des fèves est courte. Dès que je les vois apparaître au marché, je sais qu'il a fait beau dans le Midi et que le printemps est pour bientôt à Paris. Je n'en prends qu'une poignée, au début, quand leur prix est exorbitant, et je les mange crues avec les fromages nouveaux. Vieil usage méditerranéen. Essayez, c'est très bon. Dès qu'elles sont abordables, ne ratez pas cette recette qui réconciliera vos hommes et vos enfants avec les légumes.

un paquet de linguine,
un kilo 500 g de fèves,
250 g d'oignons nouveaux,
100 g d'huile d'olive,
un citron,
6 artichauts de printemps,
un cœur de céleri en branche,
sel, poivre, parmesan.

Écossez les fèves et mettez-les dans l'eau froide.

Nettoyez les artichauts de leurs feuilles les plus dures. Taillez les pointes et les queues. Coupez-les en quarts et nettoyez les barbes, si nécessaire. Les artichauts de printemps, plus petits, ne devraient pratiquement pas en avoir. Lavez-les et mettez-les à tremper dans une petite bassine d'eau froide avec un jus de citron.

Nettoyez les oignons et le céleri, lavez-les et coupez-les en gros morceaux. Mettez tous les légumes égouttés dans une cocotte à fond épais avec l'huile d'olive. Faites revenir un peu puis ajoutez un demi-litre d'eau chaude. Salez, poivrez et laissez cuire à feu doux une bonne demi-heure.

A côté, faites cuire les linguine « al dente » dans une haute casserole d'eau bouillante salée, égouttez-les et assaisonnez-les avec les légumes réduits en semi-purée, une goutte d'huile d'olive si c'est utile, et une poignée de parmesan. Faute de parmesan, le gruyère peut aller.

LES PÂTES AU CHOU-FLEUR

un paquet de maccheroni 500 g,
100 de raisins secs,
80 g de pignons,
un petit chou-fleur jeune,
un oignon, basilic,
curry, huile d'olive, sel,
3 anchois au sel ou une petite boîte d'anchois à l'huile d'olive,
vieux cantal (ou parmesan).

Nettoyez le chou-fleur et cuisez-le dans l'eau bouillante salée. Égouttez-le « al dente » et coupez-le en petits bouquets.

Faites revenir l'oignon coupé en lamelles dans une sauteuse avec un demi-verre d'huile d'olive. Dès qu'il est blond versez une dose de curry dilué dans un peu d'eau tiède. Couvrez et cuisez à feu très lent, puis ajoutez le chou-fleur et les anchois fondus à part dans une petite poêle avec de l'huile d'olive. Unissez les raisins lavés et les pignons. Mélangez bien, couvrez et laissez à petit feu le temps que les pâtes cuisent dans l'eau bouillante salée. Égouttez les pâtes « al dente » et versez-les dans la sauteuse avec le chou-fleur, ajoutez quelques feuilles de basilic haché et une poignée de fromage râpé (essayez le cantal vieux, s'il n'est pas trop salé, c'est remarquable). Servez chaud.

LES PÂTES AU FENOUIL

un paquet de rigatoni 500 g,
500 g de fenouil tendre,
60 g de beurre,
un oignon, sel, poivre,
bouillon, parmesan.

Lavez les fenouils et coupez-les en lamelles. Hachez l'oignon et faites revenir avec le fenouil dans le beurre. Salez, poivrez, mouillez avec un peu de bouillon chaud, couvrez et laissez cuire un quart d'heure à feu doux en surveillant fréquemment. Mouillez encore si nécessaire. Dans une grande casserole d'eau bouillante salée, faites cuire « al dente » les rigatoni, égouttez-les et assaisonnez-les avec la crème de fenouils passés à la moulinette en saupoudrant abondamment du parmesan et en ajoutant du beurre à votre goût. Tournez bien et servez chaud, seuls ou en accompagnement d'une viande blanche rôtie (un poulet, par exemple). Vous aurez un succès fou et on vous demandera de quoi ces pâtes sont faites, vous verrez.

LES PÂTES AUX ROGNONS

un paquet de rigatoni 500 g,
500 g de rognons de veau tendre,
400 g de tomates pelées
(fraîches ou en boîte),
un gros oignon,
vin blanc sec un demi-verre,
huile d'olive,
persil, sel, poivre.

Nettoyez le rognon et coupez-le en fines tranches. Comme pour le foie de veau, n'achetez que du rognon de veau de lait, rose pâle et petit. Les autres risquent d'avoir un fond amer qui gâterait la recette. Hachez l'oignon et le persil, et mettez-les à revenir dans une sauteuse assez étroite pour que le rognon soit bien ramassé dedans par la suite. Quand l'oignon est blond, ajoutez les tranches de rognons, faites un peu revenir puis ajoutez les tomates déjà à moitié cuites dans une petite casserole à côté (avec du sel, du poivre et une pincée de sucre. Recette tomate n° 1). Ajoutez le vin blanc et laissez cuire dix minutes. Salez, poivrez et servez sur des rigatoni cuits « al dente » dans beaucoup d'eau bouillante salée, sans tourner. Chacun se servira d'une ou deux tranches de rognons avec les pâtes et la sauce nappée.

LES PÂTES AUX ASPERGES

un paquet de spaghetti 500 g,
un kilo d'asperges,
100 g de beurre,
2 œufs,
100 g de parmesan,
sel, poivre.

Faites bouillir les œufs jusqu'à ce qu'ils soient durs. Hachez-les finement. Faites cuire les asperges « al dente » dans l'eau froide ou, mieux, à la vapeur dans la casserole à étages. Coupez-les en tronçons de deux centimètres en éliminant la partie fibreuse.

Jetez les spaghetti en pluie dans une grande casserole d'eau bouillante salée. Égouttez-les « al dente » et versez-les dans le plat creux où vous aurez fait fondre le beurre et le parmesan. Tournez bien, poivrez et ajoutez les asperges et les deux œufs durs hachés. Tournez et servez chaud.

LES RIGATONI À LA « PAGLIATA »

J'ai fait manger ces rigatoni typiquement romain à Michel Serrault sans lui dire d'abord avec quoi c'était fait. Nous étions dans une toute petite trattoria fréquentée par les drivers de trot avec Claude Miller (nous tournions son film « Mortelle Randonnée ») tout aussi extasié. Michel se régalait en me répétant : « Tu ne l'as pas emmené ici, Philippe (Noiret), hein ? Il ne connaît pas cet endroit ! »

Philippe sort peu de sa chambre d'hôtel quand il tourne à Rome et ne s'aventure pas au-delà de trois restaurants proches. Il ne connaîtra donc jamais cette antique recette qu'on mange dans les bas-quartiers. La « pagliata », ce sont les intestins du veau nouveau-né jusqu'à l'âge de 20 jours, avant qu'il ait commencé à brouter. Il n'a encore consommé que le lait de sa mère et ses entrailles sont pleines de lait caillé. Je ne crois pas avoir vu en vente ailleurs qu'à Rome cette partie du veau, mais je vous en donne tout de même la recette, assez simple, au cas où…

500 g de « pagliata », nettoyée par le boucher et attachée aux deux bouts pour que le contenu ne s'échappe pas,
un oignon, persil, céleri,
3 tomates ou une sauce tomate déjà préparée,
huile d'olive, sel, poivre, un piment doux sec ou harissa,
parmesan.

Faites revenir l'oignon, le céleri, les tomates, le piment. Mettez la pagliata à cuire dedans avec du sel et du poivre. La cuisson n'est guère plus d'une heure, mais tout dépend de la jeunesse du veau. En cours de cuisson, allonger avec de l'eau (ou du vin blanc). Percer le morceau de pagliata avec la pointe d'un couteau pour voir si c'est cuit. Quand c'est prêt, coupez en larges anneaux directement dans la casserole pour ne pas perdre le jus, et servez sur des rigatoni avec du parmesan. C'est tendre et délicat, on reconnaît le veau, pauvre petite bête, mais ça ne ressemble à aucune de nos recettes françaises.

LES PÂTES À LA MORUE

un demi-paquet
de fusilli courts 250 g,
800 g de morue séchée,
400 g d'oignons nouveaux,
300 g de tomates pelées,
huile d'olive, sel, poivre,
raisins secs,
farine,
parmesan.

Faites tremper la morue deux jours dans du lait. Changez-le deux ou trois fois. Faites tremper les raisins secs dans un bol d'eau tiède. Hachez les oignons et mettez-les à revenir dans une cocotte. Quand ils sont transparents, versez-y les tomates pelées et les raisins secs. Couvrez et laissez mijoter 20 minutes. Coupez la morue en quartiers, essuyez-les, passez-les un à un dans la farine et faites-les frire dans l'huile d'olive bouillante. Salez, poivrez et mettez les morceaux dans la sauce en veillant à ce que la morue soit bien enveloppée d'oignons. Laissez cuire encore un bon quart d'heure. Pendant ce temps-là, jetez les pâtes dans une grande casserole d'eau bouillante salée, égouttez « al dente » et assaisonnez avec la sauce de morue en saupoudrant (eh oui !) de parmesan. Un petit tour de moulin à poivre et servez dans des assiettes chaudes. Vous surprendrez vos amis et vous ne les décevrez pas, je vous le dis.

LES FETTUCINE AUX HARICOTS FRAIS

En saison, voici une recette de pâtes aux haricots frais. C'est presque un potage mais aussi un plat unique comme toutes ces recettes campagnardes. A moins que vous imitiez Ugo Tognazzi, fana de féculents et cuisinier émérite, qui servit un jour à ses amis un dîner ainsi composé : pasta e fagioli (pâtes aux haricots), lentilles au lard, fèves aux artichauts et aux petits pois, salade de pois chiches, et en dessert un castagnaccio (gâteau de marrons)... Je trouve marrante l'idée de ces grandes bouffes à thème, mais détrompez-vous, bien cuisinés, tous ces plats sont très fins et laissent moins de lourdeurs que des quenelles ou des soufflés flambés...

300 g de fettuccine,
500 g de haricots blancs frais,
250 g de tomates à sauce
(petites longues),
100 g de jambon cru,
une branche de céleri, un oignon,
une pomme de terre,
huile d'olive, sel, poivre.

Écossez les haricots, couvrez-les d'eau dans une cocotte et mettez-les à bouillir à petit feu (deux heures). L'eau doit à peine frémir.

Dans une petite casserole faites bien revenir l'oignon et le jambon coupés en fines lamelles, ajoutez les tomates pelées et égrainées, le céleri haché et la pomme de terre pelée et coupée en cubes. Tournez, salez et poivrez. Faites bien mijoter puis versez le tout dans les haricots que vous n'aurez pas encore salés. Goûtez pour juger du sel et laissez cuire encore une demi-heure. Quand c'est bien cuit jetez les fettuccine dans la casserole. Tournez souvent. Le résultat est assez dense. Fromage et huile d'olive additionnelle facultatifs.

Ces haricots, sans les pâtes, sont merveilleux froids sur du pain Poilâne grillé, poivre en grain et huile d'olive. En Toscane, c'est le casse-croûte des chasseurs, le matin au bistrot, après le lever du soleil qui fait planquer les bécasses.

LES BEIGNETS DE TAGLIATELLE

Idéale pour recycler des restes de pâtes, cette recette bonne femme est meilleure avec des tagliatelle ou autres pâtes à l'œuf. L'ennui des restes, c'est qu'il n'y en a jamais assez. Quand vous aurez goûté ces croquettes, vous comprendrez pourquoi je n'hésite pas à cuire exprès un demi-paquet de tagliatelle (avec l'excuse d'en donner au chat...)

200 g de tagliatelle cuites,
une poignée de parmesan,
2 cuillerées de farine,
2 œufs,
sel, poivre, huile d'arachide vierge
un litre (ou saindoux).

Dans une large terrine réunissez les pâtes froides (sans les couper), le fromage râpé, la farine, les œufs, le sel et le poivre. Tournez bien. Si c'est consistant, diluez avec quelques gouttes de lait. Chauffez votre huile ou votre saindoux (en vérité les fritures au saindoux sont sublimement légères, au goût en tout cas) dans votre friteuse, et quand elle est bouillante, versez-y par cuillerées la pâte des beignets. Faites frire des deux côtés sans laisser brunir : ils doivent être dorés et croquants. Posez-les sur un papier absorbant (l'essuie-tout de cuisine est un peu mou, le papier jaune de boucher convient mieux). Mettez au chaud dans un plat sur un chauffe-plats ou dans un minifour. Mangez chaud. Petits et grands en raffolent pour le goûter.

LES RAVIOLI AU POISSON

pour la pâte :

600 g de farine,
200 g d'eau environ,
sel.

pour la sauce :

voir « pâtes aux moules », « aux vongole », ou au « vin blanc ».

pour la farce :

500 g de poissons à chair blanche ferme (loup, bar, mulet, mérou), frais SVP, surgelés en dernier recours,
500 g d'épinards,
100 g de ricotta,
100 g de parmesan,
2 œufs,
sel, poivre.

Lavez les épinards, égouttez-les sans les secouer et cuisez-les dans le reste d'eau attachée aux feuilles.

Faites cuire le poisson à la vapeur salée. Nettoyez et hachez finement les poissons puis composez la farce en mélangeant les épinards, les fromages, les œufs entiers et la chair de poisson (vous pouvez aussi utiliser un reste de poisson au four ou poché).

Faites la pâte (comme les ravioli à la viande), pétrissez 15 minutes en vous repassant vos fables de La Fontaine, les alexandrins ont une cadence parfaite (pourquoi est-ce que ça ne marche pas avec du rock ?...). Étendez-la par morceau (voir recette des raviolis à la viande) et faites vos coussinets patiemment, jusqu'à la fin de la pâte et de la farce. Faites-les bouillir en eau bouillante salée, égouttez à l'écumoire et assaisonnez avec une des trois sauces que je vous suggère, ou tout simplement avec une bonne sauce tomate où vous aurez mis quelques feuilles de basilic, hors saison une cuillerée de pesto en pot.

LES PÂTES AU RÔTI DE VEAU AU LAIT

Un de mes succès. Je suis toujours du côté de gens qui aiment manger léger, et cette façon de préparer le veau est savoureuse et saine. La même recette est faisable avec du porc. Ma remarque n'est alors plus valable.

un paquet de bombolotti 500 g,
800 g de veau à rôtir,
un litre de lait,
2 gousses d'ail,
sel, poivre, sauge,
100 g de beurre ou de margarine.

Faites revenir le rôti de toutes parts dans une cocotte, en même temps que l'ail écrasé. Retirez l'ail dès qu'il est noir et mettez trois feuilles de sauge. Mouillez avec du lait chaud, salez, poivrez. Couvrez et laissez cuire à feu très doux jusqu'à épuisement du lait, en retournant la viande une ou deux fois (deux heures environ). Le lait caramélise et forme des grumeaux d'aspect bizarre mais délicieux. Coupez la moitié de la viande et hachez-la dans la sauce. Tournez, poivrez, allongez avec une goutte de lait (ou de crème) si nécessaire, couvrez et sortez du feu. Laissez reposer cinq minutes afin que toutes les parties coagulées se détachent du fond et assaisonnez les pâtes cuites « al dente » avec cette sauce épaisse. Saupoudrez du bon parmesan fraîchement râpé. Servez le reste de viande coupée en fines tranches en même temps, ou à part, avec une salade d'endives.

LES PÂTES AUX PETITS POIS

Surprise, cette fois-ci, les petits pois surgelés sont imbattables. Prenez-les extra-fins, ou « sucrelets » (c'est le nom de l'espèce). Frais, au printemps, ils sont bien sûr, délicieux, s'ils ne sont pas creux ou trop gros. Regardez bien avant de les acheter, goûtez-les : crus, ils doivent être déjà tendres et sucrés.

un paquet de tagliolini 500 g,
500 g de petits pois (sans écosse),
100 g de jambon cru,
50 g de lard,
un gros oignon
ou 4 petits oignons nouveaux,
huile d'olive, ail, sel,
coulis de tomate,
3 feuilles de basilic.

Hachez l'oignon, l'ail, le basilic, le lard et le jambon. Faire revenir tout ensemble dans une petite cocotte avec un peu d'huile d'olive. Ajoutez les petits pois (décongelés dans un doigt d'eau bouillante salée ou écossés) et faites revenir un peu. Tournez et ajoutez une louche d'eau chaude (ou de bouillon) où vous aurez dilué une cuillerée de coulis. Salez légèrement, poivrez, couvrez et laissez cuire une bonne demi-heure.

Par ailleurs, faites vos tagliolini (voir recette pâtes fraîches) ou, comme moi, lisez votre journal. Mettez vos pâtes à cuire quelques minutes sans couvercle dans une grande casserole d'eau salée, égouttez et assaisonnez avec les petits pois agrémentés de beurre, de parmesan (facultatif) et d'une bonne cuillerée de crème fraîche. Poivrez et servez chaud dans des assiettes chaudes, je ne le dirai jamais assez.

On peut se passer du lard et du basilic.

LES PÂTES AU FENOUIL, PETITS POIS ET SCAROLE

Le fenouil est un légume merveilleux auquel on ne pense pas assez. Ici, il fait chanter les pâtes avec son parfum anisé et déclare le printemps enfin revenu (quand les anticyclones ne nous le carottent pas). Plat de saison par excellence, il peut pourtant être réalisé en plein hiver avec les surgelés. Mais gare aux dérèglements de l'instinct, les poules à qui on allume la lumière en pleine nuit pour les faire pondre davantage deviennent, dit-on, névrotiques...

un paquet de bucatini,
un kilo de petits pois à écosser,
un kilo de fenouils,
un céleri en branche,
une scarole,
huile d'olive, bouillon,
sel, poivre, parmesan.

Nettoyez tous les légumes et faites-les bouillir « al dente » séparément. Égouttez-les et hachez grossièrement les fenouils, le céleri et la scarole. Mettez-les à revenir tous ensemble dans une grande poêle avec de l'huile d'olive (ou du lard en petits morceaux, pour les estomacs vigoureux), puis quand ils commencent à dorer, remouillez-les avec du bouillon chaud. Salez, poivrez et laissez mijoter quinze minutes sous un couvercle.

Jetez les pâtes dans une grande casserole d'eau bouillante salée et cuisez « al dente ». Égouttez et assaisonnez avec les légumes réduits en purée et une bonne poignée de parmesan. Les végétariens s'en donneront à cœur joie, mais les autres aussi.

LE GRATIN DE MACARONI AUX ASPERGES

400 g de macaroni,
un kilo d'asperges,
100 g de beurre,
100 g de parmesan,
50 g de gruyère râpé,
50 g de farine,
un demi-litre de lait,
sel, poivre.

Épluchez les asperges, faites-les pocher, mais laissez-les croquantes. Coupez-les en morceaux en éliminant les parties fibreuses.

Faites une béchamel légère (voir ma recette à « gratin de macaroni ») que vous fromagerez avec le gruyère.

Faites cuire à moitié les macaroni dans leur habituelle grande eau salée, égouttez-les bien et disposez-les dans un plat à four beurré.

A la dernière minute mettez-les asperges dans la béchamel, tournez délicatement et versez le mélange sur les macaroni. Saupoudrez de parmesan, parsemez quelques coquilles de beurre et passez au four chaud (200°) pendant 15 minutes. Les asperges parfument ce gratin avec distinction.

LES PÂTES AU FROMAGE DE CHÈVRE FRAIS

On trouve la faisselle (fromage de chèvre frais) un peu partout maintenant. J'ai regaillardi son goût délicat mais un peu fade en l'associant à la saucisse fumée et au parmesan. Je suis fière de cette recette que les « fous de pâtes » apprécieront.

un paquet de rigatoni 500 g,
500 g de faisselle,
deux saucisses fumées (200 g),
50 g de parmesan, vin blanc,
sel, poivre, huile d'olive.

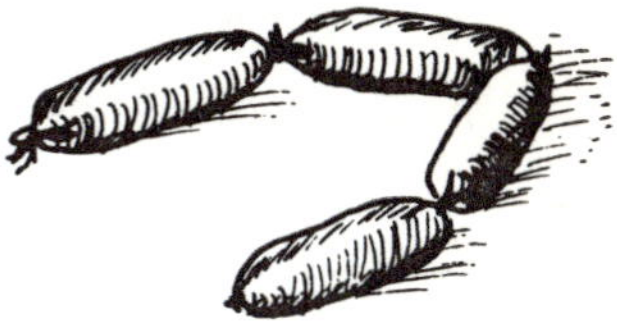

Pelez les saucisses et hachez-les finement. Faites-les revenir dans l'huile d'olive, puis mouillez-les d'une tasse d'eau chaude (ou moitié eau, moitié vin blanc sec). Couvrez et laissez cuire une demi-heure. Quand les saucisses sont bien cuites, écrasez la faisselle égouttée dans le faitout, tournez, goûtez, salez, poivrez et retirez du feu assez vite. Dans une casserole à côté vous aurez mis à bouillir les rigatoni ; quand ils sont cuits (un poil moins « al dente » que d'habitude), égouttez-les et versez-les directement dans le faitout. Tournez énergiquement avec le parmesan. J'attends vos courriers.

LES PÂTES AUX COQUILLES SAINT-JACQUES, TRUFFES NOIRES ET ROQUETTE

NOUVELLE • RECETTE •

C'est une recette que j'ai piquée au Louis XV, à Monaco (merci monsieur Ducasse) en y ajoutant tout simplement les pâtes. Les linguine deviennent de joyeuses guirlandes qui relient les saveurs entre elles. Il en faut donc beaucoup moins.

un demi-paquet de linguine 250 g,
une dizaine de coquilles Saint-Jacques fraîches ou surgelées,
une belle truffe noire, ou une petite boîte de pelures,
100 g de roquette,
huile d'olive de qualité,
un petit pot de crème fraîche,
sel, poivre, une pincée de curry.

Demandez au poissonnier de vous décoquiller les coquilles Saint-Jacques, de les nettoyer de leur petite membrane noirâtre, et de couper chaque noix dans le sens de l'épaisseur afin de les dédoubler. Son couteau est sûrement meilleur que le vôtre et, au prix que coûtent ces mollusques, il peut vous faire cette gentillesse... Elles doivent être fraîches et charnues, elles sont bonnes d'octobre à mai, mais je les préfère au printemps, elles sont moins grasses. Je ne rejette pas les surgelées, qui font parfaitement l'affaire, en suivant attentivement les instructions de décongélation sur la confection.

Pendant que vos linguine cuisent dans une grande casserole d'eau bouillante salée, comme toujours, faites revenir les coquilles trois minutes à peine dans un peu d'huile d'olive. Elles sont cuites dès qu'elles cessent d'être transparentes.

Coupez la truffe noire en fines lamelles, hachez grossièrement les feuilles de roquette lavées et tournez le tout dans la poêle des coquilles Saint-Jacques en les saupoudrant de curry (très peu, personne ne doit deviner que vous en avez mis). Poivrez, salez et versez la crème fraîche à feu éteint.

Quand les linguine sont cuites, disposez-les dans la sauteuse, tournez délicatement et servez sans transvaser dans un plat, elles refroidiraient. C'est chic et simple.

Variante : on peut remplacer la roquette par des poireaux émincés et revenus légèrement dans du beurre. Dans ce cas il faut diminuer la quantité de crème.

PÂTES A LA PURÉE DE CREVETTES, TOMATES FRAÎCHES ET CORIANDRE

NOUVELLE RECETTE

un paquet de spaghettini 500 g,
200 g de crevettes roses décortiquées,
deux tomates marocaines bien sucrées,
quelques branches de coriandre frais,
un petit pot de crème fraîche,
sel, poivre et soja (facultatif).

Passez les crevettes, les tomates pelées et la crème fraîche dans le mixer. Avec une giclée de sauce de soja si vous en avez. Assaisonnez les spaghetti fins cuits « al dente » avec cette purée et découpez aux ciseaux quelques feuilles de coriandre sur le plat pour décorer. Peut-on faire plus angélique — et bon !

RECETTES DE L'ÉTÉ

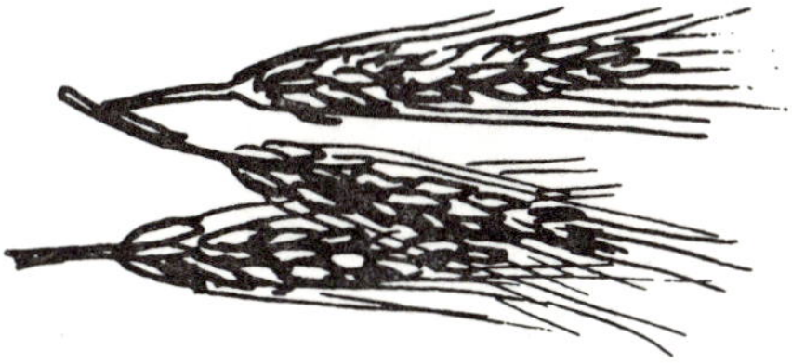

LES PÂTES AU CITRON

Ce qui est indispensable à cette recette, à part, je ne cesse de vous le seriner, les bonnes pâtes et l'huile d'olive extra-vierge première pression à froid (d'un pressoir toscan pour la perfection), c'est un petit couteau très effilé qui vous permette de couper le citron en fines tranches sans l'écraser. Il faut aussi bien sûr des citrons juteux et en bonne santé.

Les olives, elles, ne posent jamais de problème, mais prenez-les fermes et pas trop salées. N'hésitez pas à les goûter, les commerçants adorent les clients qui n'achètent pas n'importe quoi.

Toutes ces recettes d'été sont basées sur la saveur des produits tels qu'ils sont. N'abîmez pas de bonnes pâtes avec des condiments incertains.

un paquet de gros spaghetti,
6 citrons,
200 g d'olives noires,
huile d'olive, sel, poivre,
quelques feuilles d'estragon.

Pelez soigneusement les citrons avec un couteau en blessant leur chair afin d'éliminer toutes les parties blanches. Coupez-les en fines tranches, épépinez-les et déposez-les dans un plat recouvertes d'un filet d'huile d'olive.

Dénoyautez les olives si nécessaire et coupez-les en quatre.

Jetez les spaghetti en pluie dans une casserole d'eau bouillante salée et faites-les cuire « al dente ». Égouttez bien et versez-les dans le plat avec le citron, les olives et les quelques feuilles d'estragon entières. Poivrez, tournez et ajoutez de l'huile d'olive s'il faut. Ne tardez pas à les servir, car le citron continue à les « cuire ». C'est un délicieux plat de plein soleil ou de canicule.

LES PÂTES AUX 13 PETITS POISSONS

A l'origine cette bouillabaisse servait à utiliser les poissons invendus du marché parce que trop petits et donc peu présentables. C'était vrai quand le poisson coûtait moins cher et que les poissonniers devaient débarrasser leurs étals chaque jour. Mais vous pouvez faire des affaires en sélectionnant les poissons à la limite de la grosseur réglementaire, si vous savez tenir ce langage mafioso avec vos commerçants. L'important est de réunir 13 sortes de poissons (ou crustacés) au minimum. Comme pour la bouillabaisse, tout le parfum de ce « brodetto » — plat unique provient du mélange de poissons. J'ai mangé ces pâtes sublimes à Rimini, ville natale de Fellini, mais leur patrie est Ancona, un peu plus bas sur la côte adriatique.

un paquet de lingue di passero 500 g,
1,500 kg de petits poissons : rougets, turbotins, langoustines, mulets, cigales, flaiteaux, bars (loups), rascasses, merlans, calamars, suppions, soles, capelans, grondins, anguilles...
700 g de tomates pelées,
150 g d'huile d'olive,
2 gousses d'ail, un oignon,
persil, quelques feuilles de basilic si vous en avez,
un verre de vin blanc, sel, poivre.

Patience : l'étape la plus fastidieuse de cette préparation est le nettoyage des poissons. Si vous êtes bien avec votre poissonnier, il vous en fera une partie. Lavez-les bien et laissez-les à égoutter dans une passoire. Dans une assez grande casserole, faites revenir l'oignon avec l'huile d'olive, puis l'ail et le persil haché, puis la rascasse et les tomates épépinées et coupées en morceaux. Quand la rascasse est cuite, retirez-la et passez-la à la moulinette dans la casserole. Ajoutez tous les autres poissons coupés en gros morceaux (afin qu'on puisse les reconnaître ensuite) en commençant par les calamars et les suppions.

Sole et merlan viennent en dernier. Dès que ça rebout, ajoutez le vin blanc, salez, poivrez et laissez cuire 15 minutes sans couvercle. Dans une grande casserole d'eau bouillante salée, faites cuire les linguine « al dente », égouttez-les et assaisonnez avec la soupe de poissons épaisse. J'entends vos petits cris de plaisir.

LES PÂTES AUX « VONGOLE » (recette blanche)

un paquet de spaghetti 500 g,
un kilo de vongole (ou clams, ou palourdes),
huile d'olive, persil,
ail, piment doux, sel.

Lavez les coquillages et mettez-les dans une grande poêle sur le feu. Dès qu'ils sont ouverts, sortez-les de la poêle sans les décortiquer ni jeter leur eau que vous filtrerez à travers une gaze ou un linge usé. Faites revenir dans une sauteuse deux gousses d'ail dans un demi-verre d'huile d'olive et ajoutez-y rapidement les vongole. Ajoutez une pointe de piment doux et laissez cuire quelques minutes à feu doux, en mouillant avec l'eau des clams. Dans une grande casserole d'eau bouillante salée, faites cuire les spaghetti « al dente », égouttez-les et assaisonnez-les avec les « vongole » et leur sauce, en saupoudrant de persil haché. Remuez vivement et servez chaud. On tourne les spaghetti avec sa fourchette dans chaque coquillage pour en recueillir le jus, puis on jette les coques vides dans un plat au milieu de la table.

LES PÂTES AUX MOULES ET CLAMS

C'est la même recette, sauf que l'eau des moules n'est pas à garder et qu'il vaut mieux éliminer quelques coquilles pour que le plat ne déborde pas.

LES PÂTES AUX « VONGOLE » (CLAMS) (recette rouge)

un paquet de spaghetti 500 g,
un kilo de clams,
500 g de tomates pelées,
80 g d'huile d'olive,
ail, persil, sel, poivre.

Lavez les clams dans l'eau courante. Les « vongole » sont moins sales que les moules. Les « vongole verace » ont des petites cornes qu'elles agitent longtemps car elles ont la vie dure. Pour leur apprendre, mettez-les dans une large poêle avec une louche d'eau et laissez-les s'ouvrir sur le feu. Sortez-les une à une et détachez le mollusque en jetant les coquilles. Filtrez l'eau de la poêle et conservez-la. Faites revenir une gousse d'ail au fond d'une casserole avec un peu d'huile d'olive, puis versez les tomates et l'eau des clams. Laissez cuire un quart d'heure à feu, moyen en tournant fréquemment. A la dernière minute ajoutez les clams et le persil finement haché. Dans une grande casserole d'eau bouillante salée, faites cuire les pâtes « al dente », égouttez-les et assaisonnez-les dans un grand plat chaud avec la sauce des vongole. Finissez avec un tour de moulin à poivre et servez vite.

LES PÂTES NIÇOISES

un paquet de spaghettini 500 g,
500 g de tomates pelées,
50 g d'huile d'olive,
câpres au sel,
2 poivrons, 2 aubergines,
ail, 3 anchois au sel,
basilic, 10 olives noires, origan (facultatif),
mozzarella, sel, poivre, parmesan.

Pelez les poivrons en les passant rapidement sur la flamme, puis en les grattant avec une fourchette ou un petit couteau-scie. Ouvrez-les, videz leurs graines et coupez-les en filets. Lavez les aubergines sans les peler et coupez-les en dés. Dénoyautez les olives s'il y a lieu, et coupez-les en deux. Lavez les câpres et essuyez-les. Faites revenir l'ail dans une grande poêle avec l'huile d'olive, retirez-le dès qu'il est foncé et mettez les aubergines avec les poivrons. Faites-les revenir un peu puis ajoutez les anchois lavés et fondus à l'huile d'olive dans une petite casserole à côté, les tomates épépinées et sans jus, les olives, les câpres et le basilic hachés, et, pour ceux qui le digèrent, une pincée d'origan. Salez légèrement, poivrez, couvrez et laissez cuire à feu doux. Un quart d'heure devrait suffire. En fin de cuisson unissez la mozzarella hachée, une minute avant d'assaisonner les pâtes. Faites cuire les spaghettini dans l'éternelle grande casserole d'eau bouillante salée et égouttez-les « al dente ». Mélangez-les à la ratatouille dans un grand plat creux chaud en saupoudrant de parmesan. Je suis contre le parmesan sur la table, un plat devrait être parfait au sortir de la cuisine, donc de vos mains. Je fais une concession pour le poivre, bien que les grands broyeurs de poivre m'énervent quelquefois : mes dosages sont précis. Mais il faut être tolérant et ne pas devenir une cuisinière-terroriste...

LES PÂTES AUX SARDINES

Orgueil de la Sicile, les bucatini aux sardines ont là-bas un parfum unique de fenouil sauvage qui ne pousse pas ailleurs. Contentons-nous du nôtre, mais sachez que les boss de la mafia américaine se font expédier des colis hebdomadaires de cette précieuse herbe qui parfume les aéroports de Palerme et de Catania.

un paquet de bucatini 500 g,
500 g de sardines fraîches,
100 g d'huile d'olive
de la meilleure qualité,
50 g de raisins de Corinthe,
50 g de pignons,
3 anchois au sel,
une dose de safran,
un gros oignon,
fenouil sec, sel, poivre.

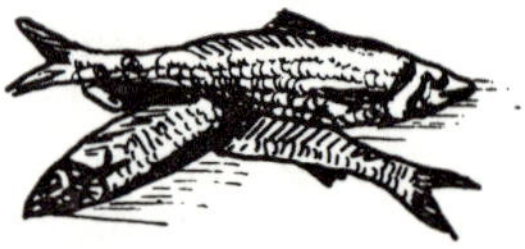

Nettoyez bien les sardines, ouvrez-les par le ventre, enlevez l'arête et la tête mais laissez-les entières. Faites tremper les raisins secs pendant un quart d'heure. Hachez l'oignon et mettez-le dans une sauteuse recouvert d'eau salée. Faites cuire doucement puis ajoutez l'huile, une dose de safran dilué dans un peu d'eau tiède, les pignons et les raisins secs. Brisez quelques brindilles de fenouil et ajoutez-les avec les sardines. Salez, poivrez et laissez cuire dix minutes. Dans une petite poêle à côté, faites revenir les anchois lavés, dessalés et sans arête. Écrasez-les complètement avec une fourchette. Unissez-les alors aux sardines et laissez cuire encore en arrosant avec l'eau des pâtes si nécessaire. Pendant ce temps-là, faites bouillir deux brins de fenouil dans une grande casserole d'eau salée, puis jetez-y les pâtes en pluie et laissez cuire « al dente ». Égouttez-les et assaisonnez-les avec les sardines. Tournez bien et faites reposer un petit moment avant de servir.

Variante : Pour mon goût (hérétique pour un Sicilien), j'ajoute aux sardines un fenouil (légume) entier haché et revenu dans de l'huile d'olive. On peut aussi ajouter une ou deux tomates en filets. Ces deux variantes les rendent un peu moins sèches.

LES PÂTES AUX MOULES FARCIES

un paquet de lasagnette
(tagliatelle sans œuf) 500 g,
500 g de grosses moules,
100 g de parmesan,
50 g de mie de pain,
500 g de tomates pelées,
ail, sel, poivre,
huile d'olive, deux œufs,
persil.

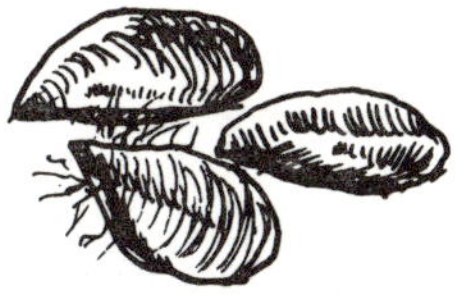

Cassez les œufs entiers dans une terrine, salez-les et mélangez-les à la mie de pain trempée dans un peu d'eau, 50 g de parmesan, une gousse d'ail et le persil hachés. Cette farce doit être assez dure. Nettoyez les moules en les grattant avec une petite brosse, ouvrez-les à l'aide d'un couteau, videz leur eau et le sable éventuel et remplissez les deux coquilles avec la farce préparée. Faites une sauce tomate (voir recette p. 32) et mettez-y les moules dix minutes avant la fin de la cuisson. Dans une grande casserole d'eau bouillante salée, faites cuire les pâtes « al dente », égouttez-les et assaisonnez-les avec la sauce aux moules farcies. Saupoudrez avec le parmesan restant et servez très chaud. C'est une recette de pêcheurs de la région de Bari, grand port où une femme ne peut pas se promener seule même de jour. Quel dommage, on y mange si bien !

LES PÂTES AU FOUR AUX BOULETTES DE VIANDE

un paquet de penne 500 g,
250 g de viande hachée,
une paire de saucisses,
200 g de parmesan,
persil, ail, basilic,
2 œufs, 50 g de chapelure,
coulis de tomate, huile d'olive,
une grosse mozzarella
(ou 4 petites mozzarella
de buffle),
sel, poivre, vin blanc sec et bouillon.

Pelez les saucisses, hachez-les et faites-les revenir dans l'huile d'olive, puis arrosez-les d'un demi-verre de vin blanc. Quand il est réduit, ajoutez deux bonnes cuillerées de coulis de tomate dilué dans un peu d'eau tiède, du basilic et du sel (si les saucisses ne sont pas trop salées). Couvrez et laissez cuire jusqu'à obtenir une sauce bien onctueuse, an arrosant de bouillon chaud si nécessaire et en tournant fréquemment. Réunissez dans une terrine l'ail et le persil hachés, 80 g de parmesan râpé, la chapelure (faites-la vous-même, elle sera meilleure), la viande hachée et les œufs. Si vous avez un batteur à petite vitesse, confiez-lui la pâtée, sinon remontez vos manches et faites la mixture à la main. Ensuite fabriquez de minuscules boulettes grosses comme des cerises et commencez aussitôt à les frire dans une petite casserole d'huile d'olive bouillante (mélange avec arachide accordé). Quand elles sont toutes frites, unissez-les à la sauceet éteignez le feu. Jetez les pâtes dans une grande casserole d'eau bouillante salée et égouttez à mi-cuisson (5 minutes). Hachez la mozzarella grossièrement. Huilez un plat à four au pinceau et versez un peu de sauce dans le fond, sans boulettes. Disposez en couches superposées : penne, mozzarella, boulettes bien réparties, sauce, parmesan, re-penne, mozzarella, etc., jusqu'à la fin des produits. Finissez avec des boulettes, de la sauce et du parmesan. Passez au four (200°) vingt minutes et servez chaud.

Variante : On peut éliminer les saucisses et utiliser une simple sauce tomate.

LES PÂTES AUX COURGETTES ET SCAMPI

un paquet de pennette (petites penne) 500 g,
500 g de courgettes bien fermes,
20 scampi ou langoustines ou gambas,
200 g de tomates fraîches (fermes et sucrées, c'est un refrain),
50 g d'huile d'olive extra-vierge (encore un refrain),
une gousse d'ail,
persil, piment doux,
sel.

Versez l'huile dans une grande poêle et faites revenir l'ail haché avec les courgettes coupées en bâtonnets d'un centimètre de largeur. Ajoutez assez vite les scampi décortiqués et les tomates épépinées coupées en filets. Cuisez quelques minutes et ajoutez le piment haché et le sel nécessaire. Pendant ce temps-là cuisez les pâtes dans une abondante eau bouillante salée (« al dente », ça va sans dire), égouttez-les et assaisonnez-les avec la préparation et une goutte d'huile crue. Saupoudrez de persil haché et servez chaud accompagné d'une bonne bouteille de rosé. Une recette rapide et archisimple qui fait très « grand restaurant ».

LES PÂTES LA PURÉE DE TOMATES CRUES

un paquet de spaghetti, carrés
ou ronds, 500 g,
un kilo de tomates fraîches
bien sucrées,
un bouquet de basilic,
100 g d'huile d'olive,
un piment doux (peperoncino),
sel, parmesan.

Pendant que vos pâtes cuisent dans une grande casserole d'eau bouillante salée, mettez dans votre mixer : les tomates épépinées mais pas pelées, le piment doux, 15 feuilles de basilic au moins, du sel, l'huile d'olive et le parmesan. Vous obtiendrez une purée avec laquelle vous assaisonnerez les pâtes chaudes à peine égouttées « al dente ». Servez aussitôt dans des assiettes chaudes. Une succulente recette d'été prête en dix minutes. Et bienheureux ceux qui ont des tomates du jardin…

LES PÂTES AUX ANCHOIS

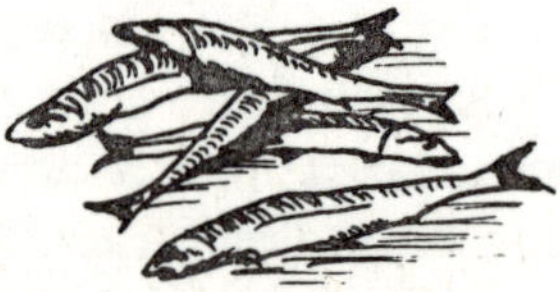

400 g de spaghettini,
80 g d'huile d'olive,
6 anchois au sel,
2 gousses d'ail,
pain sec,
piment doux ou harissa,
persil, sel.

Faites revenir l'ail dans l'huile d'olive, ôtez-le dès qu'il aura noirci et mettez les anchois lavés, dessalés et nettoyés. Écrasez-les avec une fourchette, puis ajoutez le persil haché, deux poignées de pain sec râpé pas trop finement et le piment haché (ou une cuillerée de harissa). Cuisez à feu très doux. Pendant ce temps-là cuisez les pâtes « al dente » dans l'habituelle grande casserole d'eau bouillante peu salée, égouttez et assaisonnez avec les anchois. Mélangez bien et servez en vitesse.

LES PÂTES AUX SEPT PARFUMS

un paquet de linguine 500 g,
500 g de tomates fermes et sucrées,
un oignon rouge
ou 3 oignons nouveaux,
2 gousses d'ail,
une branche de céleri,
un bouquet de persil plat,
un bouquet de basilic,
origan, sel, poivre,
100 g d'huile d'olive parfumée.

Une heure avant de passer à table, pelez les tomates en les trempant dans l'eau bouillante s'il le faut, épépinez-les et coupez-les en morceaux. Laissez-les couler dans une passoire. Hachez l'oignon, le persil, le basilic et le céleri. Frottez le plat où vous servirez les pâtes avec l'ail et mélangez-y les tomates, l'huile, les herbes hachées, l'origan, du sel et du poivre. Soyez prudents sur l'origan dont le parfum puissant ne doit pas dominer les autres. Faites cuire les pâtes « longues » dans une grande casserole d'eau bouillante salée, égouttez-les et versez-les dans le plat en remuant énergiquement. Encore une fraîche recette d'été typique de la région de Positano.

Variante : On peut ajouter des câpres, des olives noires et du thon à l'huile d'olive haché.

LES PÂTES À LA PARMIGIANA D'AUBERGINES

Un des plats que je préfère dans le sud de l'Italie, c'est la « parmigiana ». Plus connue à l'aubergine, elle se fait aussi avec des courgettes. Quand je l'ai unie aux pâtes, je croyais avoir inventé une grande recette, mais un jour, au cours d'un voyage à Capri, je me suis aperçue que ce mélange était pratique courante dans les familles napolitaines. Je dédie cette page à mon ami P. qui fut le premier à me pousser à rédiger ce livre et qui connaît lui aussi la « parmigiana » dont je parle. On en liquidait des plats entiers à Positano au retour de nos équipées marines, tu te souviens ?

un paquet de bucatini (perciatelli) 500 g.

pour la parmigiana :
un kilo d'aubergines,
500 g de tomates pelées (fraîches),
250 g de mozzarella,
100 g de parmesan, huile à friture,
basilic, huile d'olive, sel, poivre, farine,

pour la sauce tomate :
500 g de tomates pelées,
ail, huile d'olive, sucre, sel, poivre.

Nettoyez les aubergines sans les peler et coupez-les en tranches fines. Si elles sont bien jeunes, il n'est pas nécessaire de les faire dégorger au sel. Passez-les légèrement dans la farine et faites-les dorer des deux côtés dans une poêle, pas plus de trois à la fois, de manière à ce qu'elles ne se chevauchent pas. Concassez les tomates épépinées dans une casserole avec un peu d'huile d'olive, une pincée de sucre, quelques feuilles de basilic, du sel et du poivre. Laissez bouillir à feu moyen sans couvercle en tournant fréquemment. Dans un grand plat à four mettez quelques cuillerées de sauce, puis une couche d'aubergines, une couche de mozzarella coupée en fines lamelles, du basilic haché, une autre couche de tomate, deux ou trois cuillerées de parmesan bien réparties, etc., jusqu'à épuisement des produits. Finissez avec du parmesan et passez au four (180°) une demi-heure.

Faites une autre petite sauce tomate (voir recette page 32) et assaisonnez les bucatini cuits « al dente » dans beaucoup d'eau bouillante salée avec la parmigiana un peu défaite dans la sauce tomate cinq minutes à feu doux. Même méthode avec des restes de parmigiana. Une dernière volée de parmesan et servez bien chaud.

LES PÂTES AUX OIGNONS ROUGES ET TOMATES CRUS

un paquet de rigatoni 500 g,
5 tomates pas trop mûres,
2 gros oignons rouges doux,
piment doux,
huile d'olive,
basilic, sel, poivre,
parmesan 50 g.

Pelez les tomates en les plongeant une minute dans l'eau bouillante. Coupez-les en morceaux. Épépinez-les, jetez leur jus et coupez-les en petits morceaux. Mettez-les dans un plat creux avec du sel. Hachez les oignons, le basilic et un piment doux et versez-les dans les tomates. Inondez d'huile d'olive et laissez reposer. Entre-temps, cuisez les pâtes dans une grande casserole d'eau bouillante salée, égouttez-les bien « al dente » et versez-les dans une large sauteuse avec le parmesan et la sauce froide. Tournez énergiquement et servez dans la sauteuse même, après avoir décoré avec quelques feuilles de basilic.

LES PÂTES AUX FRUITS DE MER

J'ai essayé toutes ces recettes aux fruits de mer (moules, clams, scampi, dattes de mer, supions, etc.) avec des surgelés, sans grand résultat. Micro-ondes ou pas, au moment du dégel l'odeur de poisson disparaît. Il ne faudrait tout de même pas oublier que ces bestioles sortent de la mer. Allez-les pêcher chez votre poissonnier. Les savantes préparations où les crevettes ont le goût de poulet et les croquettes de merlan un goût de veau me laissent froide. Je veux sentir le parfum iodé de la mer, la plus proche, le saviez-vous, des odeurs humaines. Mais soyez sans crainte, votre chien ne vous confondra pas avec une sole. Votre chat, par contre, adorera ces pâtes aux fruits de mer, si vous lui en sauvez une assiettée...

un paquet de trenette 500 g,
15 dattes de mer,
36 clams à cornes,
15 queues de scampi décortiqués,
12 moules portugaises,
un bouquet de basilic,
5 tomates pelées,
une dose de safran (facultatif),
une gousse d'ail,
un demi-verre de vin blanc sec,
huile d'olive vierge,
sel, poivre.

Faites revenir l'ail dans une grande poêle avec de l'huile d'olive. Quand il est blond, mettez les clams, les dattes et les moules (bien nettoyées) avec le vin blanc. Laissez-les s'ouvrir et ôtez-les de la poêle. Sortez-les de leur coquille (moins quatre ou cinq pour la décoration) et mettez-les à part. Déposez les scampi dans la sauce restée dans la poêle, puis les tomates, le safran dilué dans un peu d'eau tiède (c'est juste pour aviver les couleurs, si vous n'en avez pas ce n'est pas grave) et le basilic haché grossièrement. Salez, poivrez et laissez cuire à feu moyen quelques minutes à peine. Entre-temps, faites cuire les trenette dans une grande casserole d'eau bouillante salée. Égouttez-les « al dente » et versez-les dans la grande poêle où vous les retournerez six fois sur le feu. La dernière fois ajoutez les fruits de mer. Si votre poêle n'est pas trop vilaine, servez les pâtes dedans. Autrement transvasez-les dans un plat évasé, que vous aurez chauffé comme les assiettes.

LES PÂTES À LA DAUBE

un paquet de rigatoni 500 g,
une livre de bœuf à braiser,
un oignon,
300 g de tomates pelées,
un verre de vin rouge ou 3 cuillerées de vinaigre de vin,
ail, basilic, origan,
huile d'olive, sel, poivre,
parmesan.

Coupez la viande en morceaux de 3 centimètres environ, comme pour un bourguignon. Dans une cocotte en fonte ou un faitout en terre cuite, faites revenir avec un demi-verre d'huile l'ail et l'oignon hachés, puis la viande saupoudrée d'origan et de basilic Quand la viande est bien dorée, mouillez-la avec un verre de vin rouge, ou le bon vinaigre de vin. Laissez-le s'évaporer puis ajoutez les tomates. Salez, poivrez, couvrez et faites mitonner deux bonnes heures.

Cuisez les rigatoni « al dente » dans une grande casserole d'eau bouillante, égouttez-les et assaisonnez-les avec la daube en saupoudrant de parmesan.

LES PÂTES AUX AUBERGINES

un paquet de spaghetti 500 g,
4 aubergines
(les rondes sont formidables),
500 g de tomates pelées,
100 g d'huile d'olive,
ail, basilic, huile d'arachide,
provolone et parmesan, sel, poivre.

Lavez les aubergines, essuyez-les et coupez-les en fines tranches. Faites-les dégorger une heure sur une grille à four avec du sel.

Pendant ce temps faites une sauce tomate (voir recette p. 32) en ajoutant du basilic.

Lavez les tranches d'aubergines, essuyez-les à nouveau et faites-les frire séparément dans beaucoup d'huile (arachide ou mélange de votre choix). Sortez-les de la friteuse avec une écumoire, égouttez-les bien et déposez-les dans un plat recouvert d'un papier de boucher (achetez des feuilles toutes neuves chez un fournisseur pour épiceries). Salez et poivrez.

Dès que l'eau des pâtes bout, plongez-y les spaghetti en pluie et laissez cuire « al dente » (8 à 9 minutes selon la marque). Égouttez-les et servez-les seuls dans un plat avec une goutte d'huile pour qu'ils n'attachent pas, la sauce tomate à part dans une saucière et les aubergines frites maintenues au chaud. Chacun se servira de pâtes, puis d'aubergines (une ou deux pour commencer) et des fromages mélangés râpés dans la même terrine. Exceptionnellement on est autorisé à couper les spaghetti dans son assiette en même temps que les aubergines. Cette recette typiquement sicilienne s'appelle « pasta a la Norma », en l'honneur de Bellini qui créa cet opéra à Catane.

LES PÂTES AUX POIVRONS

Permettez-moi de m'adresser à quelqu'un dont j'ai gagné la confiance (peut-être le cœur ?) avec mes pâtes. Mon cher S. Voici la recette des pâtes aux poivrons que tu aimes tant. Ne m'en veux pas si je la divulgue. Il ne faut pas être égoïste et je suis sûre que nos sentiments résisteront à ce viol. Les pâtes nous unissent, elles ne peuvent pas devenir un sujet de rancœur entre nous. Même si je ne suis pas la marquise de Sévigné, j'espère que tu seras sensible à mon appel touchant. Après le livre, je jure d'inventer une recette pour toi tout seul. En attendant, je te dédie celle-ci.

un paquet de rigatoni rigati,
(à nervures)
4 poivrons (un rouge, un vert,
un jaune, un orange),
4 tomates bien mûres,
ou une boîte de tomates pelées,
100 g d'huile d'olive,
ail, persil,
sel, poivre, parmesan (facultatif).

Préparez les poivrons au four comme la recette au thon et au poivron p. 118, pelés, épépinés et coupés en filets.

Dans une casserole moyenne, mettez ensemble l'ail, le persil haché, l'huile d'olive et les tomates sans jus coupées en morceaux. Salez, poivrez et laissez cuire à feu doux pendant vingt minutes, puis ajoutez les poivrons et sortez du feu assez vite. Votre sauce est prête pour assaisonner les rigatoni cuits « al dente » dans l'eau bouillante salée. Servez dans un grand plat creux, avec ou sans parmesan, au choix.

Assiettes chaudes et bonne humeur de rigueur pour ce plat coloré.

LES PÂTES AUX QUATRE LANGOUSTES

Quand j'avais une maison de vacances en Sardaigne, je retrouvais chaque année Maria-Antonia, une jeune fille du village le plus proche (à trente kilomètres), qui venait faire le ménage et la cuisine. Fille de bergers peu bavarde, elle n'aimait pas me révéler ses habitudes culinaires, « qui n'avaient rien de spécial », disait-elle. C'est auprès d'elle que j'ai appris les recettes de poisson les plus incroyables, dont celle-ci, très simple et pourtant difficile à réaliser n'importe où. Vous allez comprendre pourquoi...

1 paquet de lingue di passero 500 g,
une langouste,
un homard,
une araignée,
une cigale,
un kilo de tomates fraîches bien mûres,
ail, basilic, sel, poivre,
huile d'olive.

Coupez les quatre crustacés vivants en gros quartiers. Une lourde hache à viande est utile pour les carapaces les plus dures. Un cœur de pierre aussi. Les bestioles gigotent et pleurent. Si vous ne résistez pas au choc psychologique, faites-les expirer quelques secondes dans l'eau bouillante avant de les sectionner. Dans une grande casserole, préparer un fond d'huile d'olive, deux ou trois gousses d'ail, et un premier lit de tomates épépinées et coupées en quartiers. Posez une couche de morceaux de crustacés mélangés, recouvrez-les de basilic et d'une nouvelle couche de tomates. Recommencez jusqu'à épuisement des quatre langoustes. Salez légèrement, poivrez et mettez à feu moyen pendant 20 minutes. Il se forme un nectar au fond de la casserole avec lequel vous assaisonnerez les pâtes cuites « al dente », en servant les morceaux de langoustes sur le côté, dans une petite assiette. Je crois que je n'ai jamais rien mangé d'aussi sublime.

LES PÂTES À LA PARMIGIANA DE COURGETTES

Même principe que la recette des pâtes à la parmigiana d'aubergines (p. 94).

pour la « parmigiana » de courgettes :
un kilo de courgettes,
500 g de tomates pelées,
250 g de mozzarella,
100 g de parmesan,
100 g d'huile d'olive,
basilic, sel, poivre.

pour la sauce à part :
500 g de tomates pelées,
ail, huile d'olive, sel, basilic, poivre,
le tout pour 500 g de zite
ou bucatini cassés en trois,
parmesan, sel, poivre.

Le parmigiana de courgettes se prépare comme celle aux aubergines avec la différence que si vous avez une fenêtre exposée au soleil il vaudrait mieux faire sécher les rondelles de courgettes pendant une heure avant de les frire. Si vous êtes pressé passez-les dans la farine comme les aubergines. Mais attention, un voile à peine, il ne faut pas noircir votre huile à friture.

Pour le reste, tout est pareil. Mes quantités sont un peu abondantes mais vous me remercierez : gardez un peu de parmigiana pour la manger froide le lendemain, elle sera encore meilleure, sur une bonne tranche de pain grillée.

LES PÂTES AUX CALAMARS

J'ai essayé les calamars surgelés, sans grand succès. Ils avaient perdu leur saveur et pleuraient dans la poêle indéfiniment. Allez, pour ne pas gâcher vos pâtes, fendez-vous d'une course chez votre poissonnier. Les marchands de surgelés vous diront que tout est dégelé chez le poissonnier aussi : ce n'est pas vrai. Si vous le lui demandez, il vous dira la vérité : ils n'ont pas le droit de vendre du congelé pour du frais. Les calamars sont tenaces, leur fraîcheur dure longtemps. Vous pouvez les acheter à l'avance, le jour de votre marché.

un paquet de spaghetti 500 g,
un kilo de calamars,
100 g d'huile d'olive,
un oignon, deux gousses d'ail,
basilic, coulis de tomate,
sel, sucre, poivre.

Nettoyez les calamars et coupez-les en anneaux avec des ciseaux. Mettez-les sans rien dans une cocotte en terre cuite (ou en fonte) et faites-leur perdre leur eau sur un feu moyen. Versez alors l'huile, l'ail et l'oignon hachés, faites dorer le tout puis ajoutez deux bonnes cuillerées de coulis de tomate, trois feuilles de basilic et une pincée de sucre. Tournez bien et laissez mijoter à feu doux. Quand l'huile se sera séparée de la tomate et sera remontée à la surface, ajoutez de l'eau chaude (une louche), salez, poivrez, et couvrez et continuez la cuisson à feu doux en allongeant de temps en temps avec de l'eau si nécessaire. Il est difficile de vous donner un temps de cuisson global, ça dépend des calamars et de leur grosseur. Goûtez à partir d'une demi-heure, il faut qu'ils se coupent avec une fourchette.

Jetez les spaghetti en pluie dans une grande casserole

d'eau bouillante salée, cuisez « al dente » et assaisonnez-les dans un grand plat creux avec les calamars et leur sauce. Décorez avec quelques feuilles de basilic et servez chaud.

LES TOMATES FARCIES AUX PÂTES

200 g de bombolotti ou cannolicchi
8 belles tomates,
persil, menthe fraîche,
huile d'olive, sel, poivre.

Lavez les tomates, essuyez-les et coupez la calotte dans la partie ronde. Videz-les attentivement et faites une sauce avec cette chair, en ajoutant une ou deux tomates (voir recette de base « sauce tomate page 31 »). Retournez les tomates vidées dans un égouttoir et laissez-les couler un demi-heure. Pendant ce temps mettez les pâtes à cuire dans une grande casserole d'eau bouillante salée. Égouttez-les « al dente » dans un plat où vous aurez versé de l'huile d'olive et la menthe hachée avec le persil. Tournez bien, salez et poivrez le fond des tomates creuses et remplissez-les à la cuiller avec des pâtes. Recouvez chaque tomate avec sa calotte et disposez-les dans un plat à four que vous laisserez une demi-heure dans un four chaud (160°). Elles se mangent chaudes, accompagnées de sauce tomate chaude servie en saucière, ou froides, avec un coulis de tomates (tomates crues pelées, vidées et passées au mixer), en entrée ou en accompagnement de viande ou de poisson.

Variante : on peut remplacer la menthe par du basilic.

LES SPAGHETTI À L'ENCRE (DE SEICHE)

Je les ai goûtés pour la première fois à l'île de Torcello, au restaurant Cipriano, derrière la petite église où se marient les Vénitiens. On m'apporta une assiette toute noire à l'aspect de goudron. Je dus sincèrement fermer les yeux pour avaler la première bouchée. Le palais eut le dessus sur l'œil, ces pâtes sont exquises. Leur fin goût de poisson et de crustacé ne ressemble à rien d'autre. Depuis, je ne rate pas un voyage à Venise pour aller manger un risotto nero (riz noir) ou des spaghetti noirs à l'encre de seiche. Je me suis fait donner la recette et je l'ai essayée à Paris : ça marche !

un paquet de spaghetti 500 g,
500 g de petites seiches
avec leur poche d'encre,
un verre de vin blanc sec,
un oignon, deux gousses d'ail,
concentré de tomate, persil,
huile d'olive,
sel, poivre.

Vous trouverez des petites seiches méditerranéennes chez votre poissonnier, sinon commandez-les, il vous les procurera. Elles ressemblent à des petits calamars. Leur poche d'encre est attachée sous les tentacules. Assurez-vous qu'elles ne soient pas crevées. Nettoyez la tête et les tentacules des seiches et videz l'encre des poches dans un bol. Attention que ça ne gicle pas partout ! Faites-le faire par votre poissonnier si vous n'êtes pas tranquille, en conservant l'encre dans un pot. Il faut ensuite peler la fine membrane qui recouvre les seiches, les laver à grande eau et les couper en lamelles, corps et tentacules. Mettez l'ail et l'oignon hachés à revenir dans une sauteuse avec de l'huile d'olive, puis les seiches et le persil haché. Poivrez généreusement, tournez et couvrez. Laissez cuire une heure au moins en mouillant avec du vin blanc où vous aurez dilué deux cuillerées de concentré de tomate. Quand la chair des seiches est bien tendre, ajoutez l'encre et laissez encore bouillir à feu doux, le temps que les spaghetti cuisent dans leur eau bouillante salée. Salez la sauce à la fin. Égouttez les spaghetti « al dente » et assaisonnez-les avec les seiches, ou, pour plus de raffinement, avec leur sauce seulement. Ajoutez un petit morceau de beurre si nécessaire, mais parmesan interdit.

Vous ferez beaucoup d'effet avec ces pâtes qui ne sont pas bien compliquées à préparer, avouez-le. Ne le dites pas à vos amis.

LES SPAGHETTI À LA TAPENADE

un paquet de spaghetti 500 g,
80 g de tapenade (olives noires en crème),
35 g de chapelure,
50 g de parmesan,
50 g de beurre,
3 tomates sucrées et fermes
(ou tomates cerises),
10 feuilles de basilic,
sel, poivre.

Faites fondre le beurre dans une poêle puis mettez-y les tomates pelées épépinées et coupées en petits morceaux avec le basilic. Laissez cuire à petit feu pendant cinq minutes, puis ajoutez la chapelure et la tapenade. Cuisez trois ou quatre minutes en tournant sans arrêt. Faites cuire les spaghetti très « al dente » dans une grande casserole d'eau bouillante salée, égouttez-les et mettez-les dans la poêle (elle devra être grande) à revenir un moment avec la sauce.

Saupoudrez de parmesan et servez aussitôt.

LES PÂTES AU BASILIC ET AUX NOIX

Version vacances des pâtes au pesto, elles ont fait les beaux jours de ma maison en Sardaigne, où je tenais table ouverte. Mes amis débarquaient à n'importe quelle heure, épuisés de soleil, et je leur préparais en cinq minutes ces fraîches pâtes au basilic cueilli rapidement dans le jardin. Pierre Trudeau, ancien Premier ministre du Canada, en mangea un plat entier : il venait de capoter avec son dériveur et avait passé une heure dans l'eau pour le relever... Il me fit grand compliment pour ma recette express, et croyez-moi, les Canadiens s'y connaissent. Ils sont envahis d'Italiens, d'excellents restaurants italiens et de magasins de pâtes. Il faut avouer que leur cuisine traditionnelle est d'une lourdeur à faire fuir un caribou.

un paquet de linguine 500 g,
un bouquet de basilic
(au moins 15 feuilles),
un gousse d'ail,
un verre d'huile d'olive
du meilleur cru,
100 g de parmesan,
150 g de noix épluchées,
sel, poivre.

Si vos noix ne sont pas épluchées, ébouillantez-les et enlevez-leur, une à une, leur petite peau. Donnez-leur un coup de moulin pour qu'elles restent en petits morceaux croquants. Lavez les feuilles de basilic, enlevez les côtes, essuyez-les et mettez-les dans un verre avec l'ail. Hachez-les en dix minutes avec des ciseaux, c'est la meilleure façon de ne pas les écrabouiller et de contrôler la coupe. Il faut qu'on reconnaisse le basilic par ses petis morceaux plats, et les pointes blanches d'ail. Versez l'huile, tournez, ne salez pas. Faites cuire vos pâtes dans une grande casserole d'eau bouillante salée, retirez-les « al dente », mettez un peu d'huile de basilic au fond du plat et versez-les fumantes. Assaisonnez-les avec du basilic à l'ail, les noix et le parmesan. Tournez bien. Servez chaud.

On peut faire les mêmes pâtes sans noix. On peut ajouter la chair d'une tomate fraîche crue coupée en tous petits morceaux. Ces pâtes se mangent chaudes ou froides, mais franchement elles sont meilleures chaudes.

LES PÂTES AUX DATTES DE MER

300 g de spaghettini,
500 g de dattes de mer,
un oignon,
huile d'olive,
une cuillerée de farine,
un verre de vin blanc sec,
sel, poivre.

Lavez les dattes de mer fermées en les grattant dans l'eau froide salée afin que toute le sable soit éliminé. Déposez-les dans une bassine d'eau froide propre toujours salée et laissez-les tremper une demi-heure. Faites revenir dans une sauteuse avec un bon fond d'huile d'olive l'oignon haché saupoudré de farine. Faites blondir à feu doux puis ajoutez les coquillages. Poivrez, arrosez de vin blanc, couvrez et laissez cuire 15 minutes en montant un peu la flamme. Jetez les spaghettini en pluie dans une grande casserole d'eau bouillante salée, égouttez-les encore croquants et versez-les dans les mollusques. Tournez 5, 6 fois à feu vif et servez aussitôt dans la sauteuse (si elle est en cuivre et acier inoxydable vous aurez une allure folle). On mange les dattes avec les mains et les spaghettini avec une fourchette. On boit le vin blanc que vous avez ouvert et remis bouché au frigidaire.

LES PÂTES AU PESTO

Le pistou (provençal pour « pesto ») est une spécialité de Gênes. Il existe plusieurs variétés de basilic (votre balcon en est plein n'est-ce pas ?) à feuilles larges, moyennes ou petites. Celui qui convient le mieux pour le pesto est le moyen, parfumé et pas trop tendre. Sa meilleure saison est le début de l'été, quand il commence à « faire l'épi ». Cueillez-en alors les plus grosses feuilles, lavez-les, séchez-les et congelez-en une partie dans un petit sac pour l'hiver. Avec le reste, préparez du pesto qui se conserve un bon mois au frigidaire.

un paquet de trenette,
2 pommes de terre,

pour le pesto :
36 feuilles de basilic,
une cuillerée de parmesan râpé,
une poignée de pignons,
ail, sec, huile d'olive sans reproche.

Lavez et essuyez délicatement les feuilles de basilic.

Faites griller les pignons au four ou dans une poêle Tefal sans corps gras. Mettez-les dans le mortier (ou votre mixer) avec le basilic, l'ail haché et une pincée de gros sel. Écrasez dans le mortier en pensant aux femmes africaines qui passent la journée à ça, jusqu'à obtenir une belle crème verte. En une seconde le mixer vous aura rattrapé, mais où est le mérite... Ajoutez un demi-verre d'huile petit à petit comme pour une mayonnaise, en tournant sans cesse avec une cuiller en bois.

Faites bouillir dans l'eau des pâtes les deux pommes de terre pelées et coupées en petits dés. Quand elles sont presque cuites, jetez les pâtes en pluie dans la même eau abondante et salée. Laissez cuire « al dente », égouttez ensemble pâtes et pommes de terre qui ont presque disparu. Assaisonnez avec le pesto, que vous allongerez avec une goutte d'eau de cuisson, s'il a épaissi. Servez chaud avec du parmesan.

Variante : on peut ajouter un anchois bien écrasé dans le pesto.

LES PÂTES AUX FLEURS DE COURGETTES

Les fleurs de courgettes sont une finesse. On en fait de délicieux beignets dans le Midi. Au nord de la France elles sont un peu plus difficiles à trouver, car le transport ne leur fait pas de bien. Mais cherchez-les chez les primeurs de luxe, vous ne regretterez pas votre effort.

un paquet de linguine 500 g,
500 g de tomates pelées,
500 g de fleurs de courgettes,
3 courgettes, 2 gousses d'ail,
un demi-verre d'huile d'olive,
basilic, sel, poivre.

Mettez l'ail à revenir dans l'huile d'olive, puis ôtez-le de la cocotte quand il est noir et versez les tomates. Laissez cuire quinze minutes. Coupez les courgettes grattées et non pelées en bâtonnets d'un centimètre de large et 5 cm de long. Dans une grande casserole d'eau bouillante salée, mettez-les à cuire en même temps que les pâtes. Deux minutes avant la fin de la cuisson, ajoutez les fleurs de courgettes. Égouttez et versez dans une grande poêle avec la sauce tomate. Parsemez quelques feuilles de basilic, poivrez et servez chaud.

LES PÂTES À LA PURÉE DE FLEURS DE COURGETTES

Autre recette très délicate avec les fleurs de courgettes qui vous permettra de jouer aux devinettes avec vos invités. Ils mettront longtemps à deviner de quoi est composé cet assaisonnement. Cachez bien ce livre et faites durer l'énigme. Dites-leur : ces pâtes sont faites avec des fleurs… Tiens, ça me fait penser, il faudrait que j'essaye de cogiter une recette avec des capucines…

un paquet de spaghettini 500 g,
un bouquet de persil plat,
un gros oignon,
8 ou 10 fleurs de courgettes,
bouillon, huile d'olive,
une dose de safran,
2 œufs très frais,
parmesan, sel, poivre.

Hachez finement l'oignon, le persil et les fleurs de courgettes bien lavées. Faites-les revenir dans une petite cocotte avec le safran dilué dans un peu d'eau. Salez, poivrez, tournez, couvrez et laissez cuire à feu modéré en surveillant souvent. Quand ça vous paraît cuit, passez le tout à la moulinette et remettez cette purée dans la même cocotte. Allongez avec un peu de bouillon chaud et portez de nouveau à ébullition quelques minutes. Sortez du feu, laissez refroidir un moment puis introduisez les jaunes d'œufs et une poignée de parmesan.

Faites cuire les pâtes « al dente » dans une grande casserole d'eau bouillante salée, égouttez-les et versez-les dans un grand plat creux avec la sauce. Saupoudrez encore de parmesan si le cœur vous en dit. Bon appétit !

LE MINESTRONE AU PISTOU

Ce potage est un repas à lui seul. Pour qu'il soit bon, il ne doit pas contenir moins de neuf légumes (le borchtch en veut 12). Choisissez les légumes de saison et dosez selon votre goût. Du nord au sud de l'Italie il diffère. Celui que je vous donne est de San Remo. C'était le plat préféré du président de la République Sandro Pertini, qui le faisait servir au Quirinale dans les repas officiels, bien que ce ne soit pas un mets très élégant. La simplicité de ce vif vieillard est légendaire. Il ma donné cette recette (angélique comme lui) chez des amis où il passait des séjours de repos, loin des chambellans et des gardes du corps. Merci, Sandrino !

200 g de petites penne,
200 g de haricots à écosser (ou borlotti secs),
2 pommes de terre, 2 carottes, 2 poireaux,
2 tomates, 2 oignons, céleri en branche,
2 courgettes, une scarole ou du chou blanc, etc.
50 g d'huile d'olive,
une grosse cuillerée de pesto (voir recette, page 108),
parmesan, sel, poivre en grains.

Écossez les haricots frais ou égouttez les haricots secs que vous avez fait tremper une nuit. Pelez et lavez tous les légumes, puis coupez-les en petits morceaux. Faites bouillir deux litres d'eau environ, et jetez-y les légumes avec l'huile d'olive. Salez, poivrez et laissez cuire deux heures. Le bouillon doit être dense mais les légumes ne doivent pas être en bouillie. Mettez les pâtes. Une minute avant de sortir le minestrone du feu, ajoutez le pesto dilué dans la louche avec du bouillon. Servez avec du parmesan et un filet de la meilleure huile d'olive. Le parfum de basilic montera à vos narines pendant que vous mangerez, et chantera le Midi…

LES PÂTES AUX CAILLOUX

Je ne résiste pas à la poésie de cette recette que vous ne pourrez sans doute pas réaliser, à moins que vous soyez perdus et affamés sur une île déserte. On ne sait jamais, au hasard d'une croisière qui tourne mal...

Je la tiens d'un marin qui me l'a enseignée au large des côtes calabraises. Je loue, chaque été, un petit voilier avec lequel je sillonne la Méditerranée, à la recherche de nouveaux plats pour vous (note à mon percepteur : puis-je déduire ces dépenses en frais professionnels ?...). Cette année-là nous avions engagé un marin pour nous relayer à la barre pendant les deux jours et les deux nuits de traversée vers la Grèce. De longues heures pour parler... de cuisine, bien sûr, langage universel qui délie toutes les langues.

Quand la mer est mauvaise, ou que les méchants Libyens ont ratissé illégalement les zones poissonneuses en outrepassant la limite des eaux territoriales, les pêcheurs calabrais ou siciliens, bredouilles, font récolte sur les plages de galets connus d'eux seuls. Recouverts d'une fine mousse d'algues, ils sont l'habitat des bébés-moules, vongole (clams) et autres petits crabes...

En faisant revenir ces cailloux (soigneusement dés-sablés) dans une huile d'olive riche et de l'ail, on donne à l'huile un parfum de crustacé tout à fait étonnant.

Après avoir retiré les galets noircis, on jette les pâtes cuites à point, plutôt 8 minutes que 9 (spaghetti de préférence) dans la grande poêle, on les retourne dans l'huile deux ou trois fois sur le feu : ils prennent une légère couleur verte et un goût de mer et de coquillage.

Je n'ai jamais été convaincue par certaines nouilles aux algues de nos côtes normandes, tandis que ces pâtes aux cailloux ont l'antique saveur des récits de marins. Se non è vero, è ben trovato...

LES PÂTES À LA SAUCE TOMATE CRUE

Condition sine qua non : vos tomates doivent être bonnes, fermes et parfumées. Avant la pleine saison, certaines tomates du Maroc sont satisfaisantes. En plein hiver, essayez les tomates-cerises. Elles sont sucrées, mais parfois dures, à peau épaisse, et prix aussi. Deux versions de ces pâtes :

spaghetti « alla checca » :

Coupez vos tomates en petits morceaux, chauffez-les sans huile trois minutes dans une casserole, et versez-les dans les pâtes cuites « al dente » en ajoutant de l'huile d'olive crue et du basilic frais. Pas de parmesan.

tomates crues au mixer :

Mettez dans le mixer :
300 g de tomates pelées et sans jus,
10 feuilles de basilic,
l'huile, le sel, le poivre,
50 g de parmesan.

Faites une crème avec laquelle vous assaisonnerez les pâtes chaudes.

C'est délicieux avec les tomates « vertes » romaines, fermes et très sucrées mais difficiles à trouver en France. On peut corser avec du piment.

LES PÂTES À LA SAUCE TOMATE AU FOUR

Une variante très savoureuse de pâtes à la tomate, au goût particulier quoiqu'elle se compose des éléments habituels.

un paquet de macaroni 500 g,
500 g de tomates bien mûres,
un bouquet de persil,
2 gousses d'ail, sel, poivre,
un verre d'huile d'olive.

Lavez et coupez les tomates en tranches rondes transversales sans les peler.

Hachez ensemble le persil et l'ail.

Mettez la moitié de l'huile dans un plat à four à bords bas. Disposez les rondelles de tomates, parsemez-les d'ail et de persil, salez, poivrez et versez par-dessus le reste de l'huile. Mettez le plat dans un four chaud (180°) pendant une demi-heure environ.

Dans une grande casserole d'eau bouillante salée, faites cuire les macaroni « al dente ». Égouttez-les et assaisonnez-les avec les tomates et leur huile. Une volée de parmesan et servez chaud.

LES PÂTES AUX OURSINS

Mon plus beau souvenir d'oursins date d'un voyage en Crète où une amie grecque me les fit goûter en salade, dans une gargote sur une crique proche de la Chanée. Imaginez un saladier plein d'oursins servis à la louche !... Un gamin les ramasse par centaines en eau basse, au fur et à mesure des besoins du res-

taurant. En voyant cette abondance, une idée a immédiatement germé dans mon esprit, que j'ai appliquée dès le lendemain : unir quelques spaghetti à cette merveille. Le résultat est prodigieux. Pâtes de luxe, dans nos terres, mais sans pareilles.

un paquet de spaghettini,
2 oursins par personne minimum,
huile d'olive, citron,
poivre, sel.

Ouvrez les oursins avec une pince spéciale et recueillez avec une petite cuiller la chair orange. Mettez-la dans un grand plat creux froid (où vous servirez les pâtes) avec un petit verre d'huile vierge extra très fruitée. Pressez un citron et mettez la moitié du jus dans les oursins, l'autre dans l'eau des pâtes. Poivrez seulement les oursins et jetez les spaghettini en pluie dans l'eau bouillante salée. Quand ils sont cuits « al dente », égouttez-les bien et versez-les dans les oursins. Tournez rapidement et servez aussitôt. La chair des oursins s'émiettera joliment dans les pâtes en leur communiquant leur délicieux parfum citronné.

LES PÂTES AUX AUBERGINES ET MOZZARELLA

un paquet de penne 500 g,
400 g d'aubergines,
300 g de tomates,
300 g de mozzarella (fior di latte),
100 g de parmesan,
20 feuilles de basilic,
2 gousses d'ail,
huile d'olive, sel, poivre.

Coupez les aubergines en dés et faites-les frire dans l'huile bouillante. Pour les fritures je préconise l'huile d'arachide et l'huile d'olive mélangées, mais dans ce cas fendez-vous d'un demi-litre d'huile d'olive simple, les aubergines vous en seront reconnaissantes. Un truc : utilisez une petite casserole et faites frire en plusieurs fois. L'huile d'olive, plus résistante, bout à une température élevée et cuit rapidement. Déposez les quartiers d'aubergines frits sur un papier de boucher.

Dans une autre casserole, faites revenir l'ail avec un peu d'huile d'olive, ajoutez les aubergines puis les tomates pelées et coupées en morceaux. Laissez cuire quelques minutes. Salez, poivrez.

Dans une grande casserole d'eau bouillante salée faites cuire les pâtes « al dente », égouttez-les et versez-les dans une grande poêle avec les aubergines, les tomates, la mozzarella coupée en petits dés et le basilic. Mélangez délicatement à feu moyen afin que la mozzarella fonde. Servez aussitôt dans la poêle même après avoir saupoudré de parmesan et décoré avec quelques feuilles de basilic. C'est une recette de Sorrento, près de Naples, où la mozzarella est incomparable.

LES PÂTES AUX POISSONS DE ROCHE

un paquet de bavettine 500 g,
750 g de petits poissons assortis (rascasses, rougets, mulets, chapons, etc.),
100 g d'huile d'olive,
2 oignons, une branche de céleri,
un bouquet de persil plat et de coriandre,
coulis de tomate, sel, poivre.

Nettoyez les poissons et faites-les bouillir dans une grande casserole d'eau salée avec un oignon, le céleri et du persil. Quand ils sont bien cuits, passez le court-bouillon que vous garderez pour y cuire les pâtes, ôtez aux poissons leurs plus grosses arêtes et passez-les à la moulinette à gros trous.

Hachez l'autre oignon en fines lamelles et mettez-le à revenir dans une petite sauteuse. Quand il a fondu, mettez-y le poisson, deux cuillerées de coulis de tomate diluées dans un peu de court-bouillon, et en dernier lieu le persil et la coriandre hachés. Couvrez et laissez mijoter à feu doux le temps que les pâtes soient cuites dans le court-bouillon en ébullition. Égouttez-les « al dente » (9 minutes environ) et versez-les dans la sauteuse sortie du feu. Tournez bien et servez chaud dans la sauteuse même.

LES BUCATINI OU PERCIATELLI AU THON ET AUX POIVRONS

Je pourrais les appeler « pâtes à la Rossellini », ou bien « bucatini Copacabana », car elles furent inventées par Roberto Rossellini à l'hôtel Copacabana de Rio de Janeiro. C'était pendant un festival du cinéma brésilien. Je m'acheminais vers la salle à manger du palace où nous étions reçus quand je vois se faufiler dans un couloir de service la silhouette bien connue de Roberto. Sous le bras droit de sa nonchalante « guayavera » cubaine en lin blanc, il serrait un paquet de bucatini. A la main, une fiole d'huile d'olive. « Où vas-tu ? », lui dis-je à voix basse en raison de son air clandestin. « A la cuisine, me répondit-il, viens avec moi, j'ai un ami là-bas. » Intriguée, je le suivis, mais j'avais déjà compris. Il allait se cuisiner lui-même un bon plat de pâtes. En descendant les escaliers, il me révéla le contenu exact de son inséparable attaché-case de voyage, seul bagage intercontinental : ni scripts, ni documents, ni dossiers ventrus, mais une réserve de pâtes, une Thermos d'huile d'olive et quelques piments séchés, les « peperoncini » de Ciociaria qui étaient son seul médicament pour les ulcères cinématographiques, me dit-il. Au sous-sol, il y avait naturellement un cuisinier italien et avec sa complicité, Roberto inventa cette recette en utilisant ce qu'il trouva sur place. C'est une des recettes d'été les plus savoureuses que j'ai jamais goûtée.

un paquet de bucatini 500 g,
un kilo de poivrons de trois couleurs (jaunes, rouges, verts), bien charnus,
une boîte de 250 g de thon à l'huile d'olive,
une bonne touffe de persil plat,
ail, une ou deux gousses selon les goûts,
huile d'olive,
piment doux.

Mettre au four les poivrons entiers sans les nettoyer. Quand ils seront bien cuits (au moins une demi-heure), pelez-les et videz-les sans perdre leur jus. Si vous avez du mal à les peler (certains poivrons sont coriaces, surtout les verts), un truc : mettez-les pendant cinq minutes tout chauds dans un sachet de papier fermé, la vapeur aidera la peau à se détacher. Coupez-les en fines lamelles et mettez-les dans un pot ou un petit saladier ; recouvrez-les d'huile d'olive. Cette préparation peut être faite d'avance et conservée au frigidaire dans un bocal fermé (conservation maximale une semaine). Hachez séparément : le thon égoutté, l'ail, le piment doux dont vous aurez éliminé les graines, terriblement toxiques pour le foie. La chair, en revanche, contient les vitamines A et D, outre les propriétés cautérisantes bien connues. Moi, je les passe dans un petit moulin à poivre électrique et je conserve cette poudre dans un pot. En l'absence de piments secs entiers à votre marché, utilisez les confections ou l'harissa en pot.

Jetez les pâtes en pluie dans l'eau bouillante salée au gros sel, et quand elles seront cuites (9 ou 10 minutes, pas plus), mais il faut les goûter car le temps de cuisson peut varier légèrement selon la pression atmosphérique. Mélangez-les dans un grand plat aux poivrons, leur huile, le persil, le thon haché, l'ail et le piment. Retournez bien. C'est un plat qui peut se manger chaud ou froid. Dans les deux cas vous vous régalerez.

LES PÂTES AUX COURGETTES

Les meilleures du monde se mangent dans un tout petit restaurant sur pilotis au-dessus de la plage de Nerano, au sud de Sorrento, près de Naples. L'accès à cette crique par la route ne date que de quelques années, mais la trattoria Maria Grazia existe, elle, depuis le XVIe *siècle. Des gravures en témoignent au musée Capo di Monte, à Naples. La cuisinière ne s'appelle plus Maria Grazia mais elle seule a hérité de la recette et ne la livre à personne. Je l'ai à peu près reconstituée avec ma gourmandise, mais il reste une subtilité que je n'arrive pas à égaler. Cette auberge de pêcheurs n'était accessible que par bateau. Les fermes maraîchères descendent jusqu'à la mer. Nulle part ailleurs les petites courgettes ont meilleur goût. Le basilic jaillit partout, semi-sauvage, en touffes odorantes. L'huile d'olive de Sorrento, quoi qu'en pensent les Toscans conservateurs, n'a rien à envier à la leur. Je vous conseille donc de n'entreprendre cette recette que si vous avez trouvé des courgettes parfaites : petites, dures, lisses et très vertes. Elles doivent se couper facilement et ne pas être jaunes à l'intérieur. Ne parlons pas de graines ou de parties spongieuses, gardez ça pour vos soupes. On ne les pèle pas, on les gratte seulement avec un petit couteau-scie pour rompre la peau et éliminer l'éventuel duvet. Ici, désolée, les surgelés sont exclus.*

un paquet de lingue di passero
ou de spaghetti 500 g,
6 ou 8 petites courgettes,
100 g d'huile d'olive,
un petit bouquet de basilic frais,
100 g de parmesan,
50 g d'emmental
50 g de beurre
2 œufs,
sel, poivre.

Coupez en rondelles les courgettes grattées et lavées. Mettez-les à revenir dans l'huile chaude dans une poêle Tefal, surveillez qu'elles dorent sans brûler, mettez les feuilles de basilic, couvrez et baissez le feu si nécessaire. Salez, poivrez.

Dans le plat où vous les servirez, mettez les deux jaunes d'œuf, le parmesan et l'emmental râpés, le beurre, une cuillerée d'huile d'olive et quelques feuilles de basilic grossièrement coupées aux ciseaux. Tournez avec une cuiller en bois, allongez avec un peu d'eau de cuisson des pâtes qui bouillent à côté pendant ce temps. Quand les pâtes sont cuites, mélangez le tout avec les courgettes, en prenant bien soin de ne pas solidifier l'œuf, comme pour la carbonara. Salez, poivrez et saupoudrez encore de fromage si vous voulez. Décorez votre plat avec quelques feuilles de basilic entières. Mangez vite, c'est un régal.

Sans œufs, c'est presque meilleur. Dans ce cas, on peut « repasser » le tout dans une grande poêle avant de servir, avec rapidité et dextérité, comme les cuistots dans les trattorias. Maladroits s'abstenir.

SOUPE FROIDE DE TAGLIATELLE AU CONCOMBRE, POIVRONS, KEFIR ET AVOCAT

NOUVELLE • RECETTE •

Une sorte de gaspacho où l'on remplace la mie de pain par des tagliatelle fines.

200 g de tagliatelline,
un avocat,
un poivron rouge très doux,
un demi-concombre,
une tomate,
un citron,
un demi-litre de kéfir,
deux cuillerées d'huile d'olive, sel, quatre épices,
une pincée de sucre.

Faire cuire les tagliatelle très fermes. Égoutter et refroidir. Moi je les écrase un peu dans la main avant de les jeter dans l'eau bouillante pour qu'elles soient moins longues.

Mettez-les dans le gaspacho que vous aurez préparé en hachant très finement (pas de mixer) le concombre et la tomate pelés, le poivron passé cinq minutes sur le gril et pelé lui aussi, l'avocat en fines lamelles, le kéfir, l'huile d'olive, le citron (pas trop), une pincée de quatre-épices et une pincée de sucre. Servez décoré d'une feuille de menthe, ou de basilic. Ça descend tout seul.

« KHOLODNIK », ENTRÉE RUSSE À LA BETTERAVE, ANETH ET CONCOMBRE

NOUVELLE • RECETTE •

C'est une soupe froide que je sers en plat unique, les jours de grande chaleur dans le Lubéron. Fraîches et inattendues, ces pâtes rappellent qu'en Russie aussi il peut faire très chaud, en été.

150 g de pâtes à potage, au choix,
une grosse betterave rouge déjà cuite,
un concombre,
fanes d'oignons jeunes, ou ciboulette,
une poignée d'aneth frais,
deux œufs durs,
un demi-citron,
un litre de lait fermenté ou kéfir.

Faites cuire les pâtes « al dente », égouttez-les et passez sous l'eau froide pour les refroidir.

Ajoutez-les à la soupe « kholodnik » que vous aurez préparée ainsi : betterave, concombre, aneth, ciboulette hachés finement au couteau ou à la demi-lune, dans le lait fermenté (on en trouve chez tous les épiciers arabes) et le jus d'un demi-citron. Sel et poivre, au goût. Pas une goutte de corps gras.

Décorez avec les œufs durs hachés. Préparez à l'avance et placez au réfrigérateur pour servir bien frais. *Na Zdarovia !*

RECETTES DE L'AUTOMNE

LES PÂTES AU FAISAN

un paquet de pappardelle 500 g,
un faisan faisandé
(signé : La Palice),
100 g de lard,
100 g de bacon,
50 g d'huile d'olive,
un petit pot de crème,
cognac, bouillon,
deux truffes blanches,
sel, poivre, ail, sauge et romarin.

Flambez et lavez le faisan, en conservant son foie à part.

Brossez sous l'eau les truffes blanches et hachez-les avec le lard sans sa couenne. Farcissez le faisan avec ce mélange, fermez-le avec un cure-dent en bois, puis salez, poivrez et cachez du romarin sous les ailes avant de bander l'animal avec les tranches de bacon, attachées par un fil de coton.

Mettez 3 gousses d'ail et quelques feuilles de sauge à revenir dans une cocotte avec l'huile d'olive, puis le faisan. Faites-le dorer de toutes parts et mouillez-le avec un verre de cognac. Laissez évaporer et couvrez. Le faisan doit cuire à feu modéré une heure au moins, selon sa taille. Arrosez-le de temps à autre avec du bouillon. Quand c'est bien cuit, sortez-le sur une planche à découper, déficelez-le, ôtez les bardes de bacon et coupez-le en morceaux désossés. Enlevez ail et sauge du fond de sauce et ajoutez le foie haché, puis la crème, et la farce. Laissez encore mijoter à feu doux quelques minutes jusqu'à ce que la sauce ait la bonne densité. Nappez-en les pappardelle cuites « al dente » dans l'eau bouillante salée et posez les morceaux tout autour du plat. Servez chaud. Quelques copeaux de truffe blanche finale sont les bienvenus. Le parmesan n'est pas indispensable, mais pas déconseillé.

LES PÂTES AUX ESCARGOTS

Vos enfants ont ramassé des escargots au cours de leur balade en forêt ? Ne vous démontez pas et promettez des pâtes aux escargots dans deux jours. Il faut d'abord les faire purger 48 heures dans un panier en osier tapissé de feuilles de vigne (idéalement) que vous remplacerez en ville par des feuilles de platane ou de marronnier. Dans le fond du panier, mettez quelques croûtes de pain humectées d'eau. Couvrez bien avec un plateau ou un autre panier pour que les escargots ne se sauvent pas. Le troisième jour, mettez-les dans une bassine d'eau froide salée et vinaigrée. Remuez bien : ils éjecteront une abondante écume. Changez l'eau et recommencez l'opération jusqu'à ce que l'eau soit claire. Rincez les escargots sous l'eau courante et mettez-les dans une casserole d'eau froide salée et vinaigrée. Couvrez et faites cuire une quinzaine de minutes à partir de l'ébullition. Égouttez, extrayez-les de leur coquille avec une fourchette à bigorneaux et coupez la partie noire finale qui est amère, et les cornes. Les escargots sont prêts à être cuisinés. Pari tenu !

Mais si vous avez envie de cette recette, il y a les merveilleux surgelés qui vous épargnent tout ce souci. Faites-les décongeler au micro-ondes ou dans l'eau bouillante (lisez leur notice). Nous en sommes au même point de la recette qui est la suivante.

un paquet de vermicelles,
un kilo de tomates pelées,
30 escargots
(un kilo avec les coquilles),
150 g d'huile d'olive,
une gousse d'ail,
un piment doux ou harissa,
persil, sel.

Faites revenir dans une cocotte l'ail écrasé et le persil haché. Au bout de quelques minutes ajoutez les tomates et le piment. Couvrez et cuisez un quart d'heure à feu doux. Ajoutez les escargots bouillis, le sel et une pincée de sucre. Laissez cuire une bonne heure. Jetez les vermicelles dans une grande casserole d'eau bouillante salée, cuisez « al dente », égouttez et assaisonnez avec la sauce d'escargots saupoudré de fromage.

LES PÂTES AUX CAILLES

350 g de spaghetti à la chitarra,
250 g d'agneau de lait sans os,
ou mieux, de chevreau,
100 g d'huile d'olive, 50 g de beurre,
5 cailles (ou bécasses),
vin rouge, romarin, sauge,
sel, poivre.

Videz les oiseaux et conservez les abats. Lavez-les bien et faites-les rôtir avec la viande dans un petit plat à four avec l'huile, la sauge et le romarin. Salez, poivrez et mettez à four chaud (170°) en arrosant de vin rouge de temps en temps. Hachez les abats et faites-les revenir dans une petite poêle avec le beurre et une feuille de sauge. Quand les viandes sont cuites, sortez-les du plat et mettez les cailles au chaud dans le four éteint. Hachez l'agneau et remettez-le dans la sauce avec les abats. Dans une grande casserole d'eau bouillante salée, faites cuire les pâtes « al dente ». Égouttez-les et versez-les dans une grande poêle avec la sauce. Tournez deux ou trois fois à feu vif et servez bien chaud en décorant le plat avec les cailles.

Variante : On peut utiliser différentes viandes pour cette recette : du porc, du cochon de lait ou du veau et des foies de volaille si les cailles sont vidées.

LES PÂTES AUX MOULES
(recette blanche)

un paquet de spaghetti 500 g,
un bon kilo de moules,
un bouquet de persil,
ail, sel, poivre,
huile d'olive.

Nettoyez-bien les moules avec une brosse dure. Passez-les sous l'eau puis mettez-les directement sur le feu dans une large casserole sans couvercle. Secouez-les de temps en temps, elles s'ouvriront et dégageront un jus que vous garderez précieusement. Hachez finement le persil et deux gousses d'ail. Rincez encore les moules ouvertes à l'eau tiède afin de les débarrasser du moindre grain de sable et enlevez les coquilles supérieures qui ne contiennent pas la chair. Mettez-les à égoutter dans une passoire et passez à travers un tamis le jus resté dans la casserole, en prenant bien soin de laisser dans le fond les éventuels dépôts de terre. Pendant que l'eau des pâtes chauffe, faites revenir dans un verre d'huile d'olive l'ail et le persil, puis ajoutez les moules. Salez, poivrez, unissez le jus des moules filtré et laissez à feu moyen. Jetez les pâtes en pluie dans l'eau bouillante salée, et cuisez-les « al dente ». Quand les pâtes sont prêtes, assaisonnez-les avec les moules et leur jus, tournez bien, poivrez encore et servez vite. Il ne faut plus ajouter de corps gras.

LES PÂTES AUX MOULES
(recette rouge)

un paquet de spaghetti alla chitarra (ou normaux),
un kilo de moules,
400 g de tomates pelées,

ail, persil, piment doux,
huile d'olive,
sel, poivre.

Nettoyez les moules en les grattant bien. Mettez-les au feu pour qu'elles s'ouvrent (voir recette précédente). Hachez finement l'ail et le persil. Mettez-les à revenir dans une cocotte avec l'huile d'olive et versez-y les tomates. Quelques minutes plus tard, ajoutez les moules complètement débarrassées de leurs coquilles, salez, mettez un piment ou de l'harissa, couvrez et laissez mijoter pendant que vous faites cuire « al dente » les spaghetti dans l'eau bouillante salée. Égouttez-les et assaisonnez-les avec la sauce de moules. Servez chaud dans des assiettes chaudes.

LES PÂTES AUX OIGNONS

un paquet de rigatoni lisses 500 g,
8 oignons blancs,
50 g d'huile d'olive, 50 g de beurre,
une saucisse fumée 50 g,
une saucisse lyonnaise,
bouillon, sel, poivre.

Pelez et hachez les saucisses et faites-les revenir dans une sauteuse avec 50 g d'huile d'olive. Nettoyez et hachez les oignons, passez-les sous l'eau dans l'égouttoir, secouez bien et mettez à revenir avec les saucisses. Quand l'oignon est transparent, mouillez avec une tasse de bouillon, couvrez et laissez cuire une petite heure. Faites cuire les pâtes dans une grande eau que vous aurez salée avec deux tablettes de bouillon. Quand elles sont cuites, assaisonnez-les avec les oignons, le beurre, poivrez et servez. On peut, par luxure, les accompagner de saucisses grillées enroulées d'une feuille de salade.

LES PÂTES AUX TRUFFES BLANCHES

Les truffes blanches font l'objet de transactions commerciales à haut niveau. Elles coûtent 1 000 F les 100 grammes (minimum) et leur cote change chaque année car la production est imprévisible. Il y a des années-sans et des années-miracle, selon la chaleur de l'été. Les Japonais les échangent contre des ordinateurs et un trafic clandestin de milliards a été découvert en Allemagne. Les passeurs étaient des skieurs qui entraient en Suisse par les pentes neigeuses. Fragiles et périssables, ces petites tumeurs de la terre inexpliquées dégagent un puissant parfum que l'homme n'est pas arrivé à emprisonner ni à imiter. Des chiens spéciaux (Jack Russel, bassets) sont dressés pour leur récolte, les mêmes qui, aux douanes italiennes, contrôlent vos bagages. On en trouve près d'Alba, en Piémont (the best), sur l'Apennin et un peu en Ombrie. Vous vous les procurerez à des prix faramineux chez Fauchon ou chez Hédiard. Il faut les conserver dans du riz pour qu'elles ne moisissent pas, et les râper en copeaux avec un couteau spécial (je me débrouille très bien avec mon épluche-tout ou un petit couteau à lame mince très effilée). Le parfum pénétrant des truffes blanches est un assaisonnement sensationnel à lui seul. Je connais des fous de truffes blanches (Claude Sautet, César) qui font des voyages spéciaux, en automne, pour aller manger des pâtes aux truffes blanches à Turin, à Milan ou à Florence. A Rome, je vous recommande un restaurant toscan, « Il Buco », où vous mangerez des croûtons aux truffes blanches étourdissants.

Très peu de truffes suffisent pour embaumer un plat. Pensez que pour faire des œufs à la coque aux truffes, il suffit de les enfermer ensemble une nuit dans un vase hermétique. Plongez les œufs dans l'eau bouillante le lendemain matin : ils auront absorbé le parfum des truffes à travers la coquille.

Mes tagliatelle aux truffes sont donc toutes simples. Il suffit de râper des truffes sur les pâtes beurrées et fromagées. Idem sur une omelette ou sur des tortellini. Brossez bien la truffe (ne l'achetez surtout pas en pot ou en vase, à ce jour je ne connais pas de méthode de conservation valable), grattez-la au couteau et débitez-la en très fins copeaux sur chaque assiette.

LES PÂTES AU RAGOÛT

400 g de bœuf,
300 g de tomates pelées,
100 g d'huile d'olive,
20 g de champignons secs,
un oignon, une carotte,
une branche de céleri,
un verre de chianti,
une tasse de bouillon,
basilic, sel, poivre.

Mettez les champignons à tremper dans un bol d'eau tiède. Coupez la viande en gros morceaux. Nettoyez et hachez l'oignon, la carotte, le céleri, mettez ensemble dans une cocotte avec la viande, le basilic, l'huile, le sel et le poivre. Laissez la viande revenir sans couvercle, puis mouillez avec le vin. Au bout de 15 minutes, ajoutez les tomates et une cuillerée de concentré dilué dans le bouillon. Continuez la cuisson à feu lent sans couvrir en retournant de temps en temps. Égouttez, lavez et essuyez les champignons, puis hachez finement. Quand la viande sera cuite (une heure et demie environ), passez-la au hachoir, mêlez-y les champignons, remettez dans la cocotte avec un demi-verre de bouillon (ou l'eau des champignons bien filtrée), couvrez et cuisez encore 40 minutes. C'est prêt pour assaisonner tagliatelle, penne ou croquettes de riz avec ou sans parmesan. Recette toscane.

LES PÂTES AUX CÈPES

La cueillette des champignons est un sport qui déchaîne autant de passions que le football. Je m'y adonne quelquefois et je connais les vibrations émotives que procure la découverte d'un cèpe, assis tout seul dans un sous-bois, roi des champignons. Il faut avoir rôdé de longues heures dans une forêt, le nez en avant comme un chien de chasse, marqué un arbre d'une entaille de canif pour retrouver un endroit l'année prochaine, fouillé dès l'aube taillis et bosquets (il faut être les premiers), pour apprécier les étalages de cèpes au marché. Ils me tournent la tête. Sachez que chacun a une histoire, chaque trouvaille est un coup de loto que le gagnant racontera longtemps. Je connais deux façons de les préparer pour les pâtes, aussi savoureuses l'une que l'autre.

1° à la tomate :

un paquet de penne,
500 g de cèpes,
50 g d'huile d'olive,
un oignon,
une gousse d'ail,
un bouquet de persil,
350 g de tomates à sauce
(ou tomates pelées),
sel, poivre.

Nettoyez les champignons soigneusement. En principe il ne faudrait ni les laver, ni les toucher avec une lame de couteau, mais c'est impossible. Faites le plus possible à la main et le reste rapidement, sans faire attendre les champignons (ils pleurent, paraît-il, quand on les maltraite, comme une madone miraculée). Coupez-les en lamelles égales. Faites revenir l'ail et l'oignon dans une cocotte avec de l'huile d'olive. Quand c'est blond, ajoutez les champignons, le persil haché, puis les tomates en morceaux sans leur jus. Salez, poivrez, couvrez et cuisez lentement une demi-heure en tournant fréquemment. Assaisonnez les pâtes, sans fromage. C'est somptueux.

2° sans tomate :

un paquet de spaghetti carrés, dits « alla chitarra »,
300 g de champignons (cèpes de préférence),
deux aubergines,
deux courgettes,
une gousse d'ail, persil,
huile d'olive,
sel, poivre, origan.

Coupez les aubergines en tranches sans les peler, salez-les et faites-les dégorger une demi-heure entre deux assiettes retournées dans un grand plat. Rincez-les, essuyez-les et mettez-les à revenir dans un demi-verre d'huile avec l'ail entier, le persil haché, les courgettes grattées et coupées en rondelles, et plus tard les champignons nettoyés et coupés en lamelles. Saupoudrez légèrement d'origan, poivrez, couvrez et laissez cuire à petit feu en remuant souvent. Salez seulement en fin de cuisson (une demi-heure environ). C'est prêt pour assaisonner les spaghetti cuits « al dente », avec du parmesan, ou, si vous en trouvez, de la ricotta au four, fromage sicilien qui se marie très bien avec les aubergines.

Ces deux recettes sont faisables avec des champignons secs, que vous aurez fait tremper trois bonnes heures.

LA TOURTIÈRE DE MACARONI AU PIGEON

Plus élégante que de simples pâtes au pigeon, cette tourtière consolait Napoléon de ses soucis d'État. Très gourmand mais enclin à l'embonpoint, il décida un jour, après pesage, de supprimer les tartes et les desserts de ses menus impériaux, mais jamais cette tourtière de son enfance qui s'appelle, en Corse, un « pasticcio ».

pour la pâte brisée :
400 g de farine,
200 g de beurre,
70 g de sucre,
4 œufs,
un demi-citron,
sel.

pour la farce :
250 g de macaroni ou sedani,
2 pigeons, s'ils sont charnus, ou 3 petits,
280 g de tomates pelées, ail,
huile d'olive, 50 g de beurre,
bouillon, vin blanc sec,
100 g de champignons secs, sel, poivre,
marjolaine,
50 g de parmesan.

Versez la farine sur votre planche à pâtisserie ou votre marbre, et mélangez-la avec le sucre, une pincée de sel, et le zeste de citron finement râpé. Faites le puits et incorporez le beurre par petits morceaux bien ramollis et les jaunes d'œufs. Pétrissez juste assez pour que la pâte soit homogène, en ajoutant une cuillerée de vin blanc sec (ou d'eau froide) si elle est trop compacte. Faites une boule, entourez-la de papier alu et laissez-la reposer une heure.

Pendant ce temps-là, faites cuire les pigeons de la

manière suivante : bien nettoyés, vidés, flambés, lavés, salés et poivrés à l'intérieur, mettez-les à revenir dans une cocotte avec deux gousses d'ail et les champignons secs trempés. Si les pigeons sont très maigres, il convient de les enrober de fines tranches de bacon. Personnellement, j'essaye d'éviter le plus possible la graisse de porc, mais il y a des cas où il faut s'y résoudre. Quand ils sont bien dorés, versez les tomates pelées sans leur jus et un demi-verre de vin blanc. Ajoutez une pincée de sucre, du sel, quelques brins de marjolaine (je la préfère au romarin ici). Couvrez et laissez cuire à feu doux pendant une heure, en arrosant de bouillon (bonjour les tablettes) si la sauce s'épaissit.

Dans une grande casserole d'eau bouillante salée, plongez les macaroni jusqu'à mi-cuisson (3 à 4 minutes). Égouttez-les et versez-les dans un plat avec le beurre et le parmesan.

Désossez les pigeons (ils doivent se défaire très facilement), coupez-les en petits morceaux et versez-les dans les macaroni avec leur sauce et les champignons.

Étendez la pâte brisée et tapissez-en un plat à four creux et haut, plat à flan ou à soufflé, que vous aurez beurré auparavant. Avec les chutes, faites le couvercle et percez-le dix fois avec une fourchette. Remplissez le plat avec les macaroni au pigeon, recouvrez-les avec le fond de pâtes et mettez la tourtière au four moyen (180°) pendant une heure. Quand le dessus est bien doré, sortez du four et laissez reposer dix minutes avant de servir. C'est un plat de roi, que dis-je, d'empereur.

LES PÂTES À L'HUILE NOUVELLE

Il faut être de mèche avec un pressoir pour pouvoir manger ces pâtes-là. Vers le mois de novembre, après la cueillette des olives, la première huile vierge est verte et trouble. Sur du pain ou sur un plat de haricots, elle a un petit goût âpre absolument délicieux. Mais attention aux maux de ventre et aux dérangements intestinaux ! Il ne faut pas en abuser. Cette huile a donc une saison précise et ne dure que 15 jours. N'en ratez pas la date !

un paquet de spaghetti,
un demi-verre d'huile nouvelle,
sel, poivre, parmesan.

Faites cuire les spaghetti dans beaucoup d'eau bouillante salée. Égouttez-les « al dente » et assaisonnez-les avec du poivre, l'huile et le parmesan.

On peut y ajouter une louche de haricots par personne, dont voici la recette :
300 g de haricots blancs,
huile d'olive nouvelle,
une petite tomate,
une gousse d'ail,
une feuille de sauge.

Faites tremper les haricots une nuit. Rincez-les bien et mettez-les dans une cocotte en terre (obligatoire) à peine recouverts d'eau, avec la gousse d'ail écrasée mais non déshabillée, la tomate et la feuille de sauge. Couvrez et laissez cuire 3/4 d'heure à très petit feu. Ne salez surtout pas, les haricots durciraient. Ils doivent être parfaitement cuits et garder du jus. Laissez un peu refroidir et assaisonnez avec l'huile neuve. Salez et poivrez à la dernière minute, poivre en grains gris de préférence.

LES PÂTES AU CANARD

un paquet de tagliatelle larges 500 g,
un canard domestique
d'un kilo au moins,
un kilo de tomates pelées,
100 g de jambon cru,
50 g de beurre,
un bouquet de persil,
un demi-verre d'huile d'olive,
un verre de vin blanc sec,
100 g de parmesan,
une carotte, un oignon,
une branche de céleri,
sauge et basilic (en saison),
sel, poivre.

Flambez, videz et lavez le canard, coupez-le en morceaux égaux et essuyez-les. Gardez le foie dans une petite assiette. Hachez l'oignon, la carotte, le persil, le céleri et le jambon et mettez à revenir dans une grande cocotte avec l'huile d'olive. Ajoutez les morceaux de canard, la sauge et le basilic. Faites dorer en retournant fréquemment, puis arrosez avec le vin blanc. Quand il est réduit ajoutez les tomates sans leur jus, sel et poivre. Couvrez et faites cuire lentement à petit feu. Mouillez de temps en temps, s'il le faut, avec de l'eau ou du bouillon chauds. Dans une petite poêle, faites revenir quelques minutes le foie avec du beurre et une feuille de sauge. Quand le canard est cuit (une heure et demie minimum), retirez les morceaux, mettez-les au chaud et dégraissez la sauce, puis ajoutez le foie et passez le tout à la moulinette. Dès que l'eau bout, jetez-y les tagliatelle, cuisez quelques minutes, égouttez et assaisonnez avec du bon beurre, la sauce et du parmesan. Décorez le plat fumant avec les morceaux de canard et servez vite, les pâtes n'attendent pas, vous le savez. Vous pourrez vous vanter de présenter un plat réputé de la Renaissance italienne.

LES PÂTES AU LIÈVRE

Je suis une hypocrite, j'en conviens : je désapprouve la chasse, dans nos régions surtout où il n'y a plus rien à chasser et que les chasseurs tirent sur n'importe quoi, les merles, les moineaux, les poules et les pintades des fermiers, mais je fonds devant un plat de grives aux raisins, une bécasse rôtie ou un lapin de garenne en civet. La contradiction est le propre de l'homme.

J'ai été initiée aux charmes (indéniables) de la chasse par un ami peintre toscan qui connaissait tous les secrets de sa terre. On se levait à la nuit noire pour rejoindre, dans le fond d'un vallon, un passage de grives repéré par lui seul, au-dessus d'une oliveraie ou d'une vigne pas encore vendangée. On attendait de longues heures en silence, recroquevillés sous des branchages. Je trouvais l'aube magnifique malgré mes yeux lourds, mais je trouvais aussi le fusil bien pesant. Quand j'apercevais (enfin) un animal, je ne pouvais m'empêcher de m'exclamer, ce qui le faisait naturellement fuir, à la rage de mon compagnon. Je crois que je n'ai tiré qu'une seule fois dans ma vie sur un petit marcassin, lequel m'a regardé, dégoûté, et s'est enfui en trottinant. Ce regard, et les petits déjeuners au vin rouge, sont ce dont je me souviens le plus. Comme l'a dit Goethe, tout ce que l'on fait sert un jour. J'ai appris, durant cette période toscane de ma vie, à reconnaître les champignons et à cuisiner le gibier.

Passez par les collines du Chianti Classico en automne et vous goûterez ces merveilleuses « pappardelle alla lepre » qui ne se mangent que là.

un paquet de pappardelle 500 g (ou 600 g fraîches, un jour de grande cuisine comme celui-là vous aurez peut-être le courage de les faire. Voir recette « pâtes fraîches » page 38),
un lièvre (avec son sang),

100 g d'huile d'olive,
persil, un bel oignon, une carotte,
une branche de céleri,
un verre de vin rouge,
un verre de lait, cacao
parmesan, sel, poivre.

Nettoyez le lièvre (que vous aurez fait faisander trois jours, vidé, au frais, la tête en bas) et mettez son sang de côté. Si vous l'achetez chez le boucher, demandez-lui quand il faut le manger et s'il a conservé le sang (pas fréquent). Hachez persil, oignon, carotte et céleri et mettez tout à revenir dans une grande cocotte avec l'huile d'olive. Coupez le lièvre en morceaux (ou faites-le couper par le boucher), hachez le cœur et les poumons et mettez-les à revenir dans la cocotte. Salez, poivrez et laissez le lièvre perdre toute son eau, puis ajoutez le vin. Faites évaporer et versez le sang un peu dilué avec de l'eau. Si vous n'avez pas de sang, mettez une cuillerée de cacao amer dilué. Après quelques minutes ajoutez le lait et laissez cuire à tout petit feu deux ou trois heures selon l'âge et la grosseur de l'animal. Quand il est cuit, vous le desosserez aisément. Remettez sa chair dans la sauce avec son foie finement haché. Faites bouillir quelques minutes et servez cette épaisse sauce sur des pappardelle cuites « al dente » dans beaucoup d'eau bouillante salée. Parmesan souhaité

Variante : Si vous n'avez pas le sang du lièvre, enfarinez les morceaux avant de les faire revenir, et ajoutez, à la fin, quelques foies de volaille à celui du lièvre. On peut aussi remplacer le lait par du concentré de tomate dilué, et dans ce cas une feuille de laurier s'impose.

Cette recette s'applique au lapin de garenne et au lapin domestique.

LES PÂTES AUX ARTICHAUTS

Les artichauts qui conviennent à cette recette sont les poivrades, au parfum de garrigue. On n'en sort pas, les légumes qui poussent au soleil ont plus de goût. Mais encore faut-il qu'ils soient tendres, charnus et cueillis de la saison dernière. Si au marché ils ont l'air noirâtre et rabougri d'objets rares, rabattez-vous sur nos artichauts de Bretagne dont vous choisirez les plus jeunes. Cette recette sera donc d'hiver ou de printemps, car les poivrades sont printaniers. Certes, il y a les surgelés qui ont aboli les saisons, mais pas que les saisons... Faute de grives, je ne les éliminerai pas, mais c'est un dernier recours.

un paquet de rigatoni (500 g)
ou de spaghetti,
6 petits artichauts ou trois gros,
2 gousses d'ail,
50 g d'huile d'olive,
un 1/2 citron,
persil, vin blanc sec, sel, poivre,
parmesan 100 g, noix de pécan (facultatif).

Nettoyez les artichauts, ôtez leurs feuilles les plus dures, coupez les pointes, pelez les tiges en conservant la partie tendre. Pour les gros artichauts, coupez-les en deux, taillez la moitié dure des feuilles et enlevez les barbes (fanes). Sectionnez les artichauts en huitièmes et mettez-les à tremper dans de l'eau citronnée pour qu'ils ne noircissent pas. Faites revenir l'ail dans l'huile d'olive, et retirez-le avant qu'il soit brun. Ajoutez les artichauts égouttés, salez, poivrez et laissez cuire à feu modéré sous un couvercle. Le temps de cuisson varie selon la qualité des artichauts, mais comptez une demi-heure de moyenne. Au tiers de la cuisson, versez un demi-verre de vin blanc et montez la flamme. A la fin de la cuisson, ajoutez le persil finement haché. Les artichauts ont fondu en une crème dont vous extrairez la paille en pétrissant l'amalgame (tiédi) entre vos doigts (il n'y a pas de meilleur système, le passe-tout enlèverait tout caractère à votre sauce). Réchauffez, faites fondre le parmesan dans cette sauce en unissant une bonne cuillerée d'huile d'olive crue et assaisonnez les pâtes « al dente ». Si vous en avez, mettez une poignée de noix de pécan broyées grossièrement. Une dernière volée de poivre en grains et servez sans tarder.

Variantes : On peut ajouter un oignon, des champignons secs, du concentré de tomates, et lier avec une cuillerée de farine à mi-cuisson. On peut remplacer l'huile d'olive par du beurre à la fin. Ce sont des raffinements honorables. Personnellement je préfère la recette brute telle que je vous la donne.

LES PÂTES AU FROMAGE DE CHÈVRE ET MESCLUN

un paquet de spaghetti 500 g,
500 g de mesclun, 2 gousses d'ail,
3 crottins de Chavignol pas trop secs,
huile, d'olive, sauce soja,
piment doux, sel, poivre.

Lavez la salade avec soin dans une eau légèrement vinaigrée. Dans une grande poêle, mettez à revenir l'ail et le piment entiers avec de l'huile d'olive. Retirez-les bruns et mettez le mesclun. Laissez-le juste « se flétrir », arrosez-le d'une giclée de soja et enlevez-le du feu. Dans votre grill ou dans une poêle Tefal, faites rôtir les crottins des deux côtés. Dans une grande casserole d'eau bouillante salée, jetez les spaghetti en pluie, cuisez-les « al dente », égouttez-les et assaisonnez-les avec le mesclun et les fromages de chèvre coupés en fines tranches. Un filet d'huile d'olive et à table !

LES PÂTES AUX FOIES DE VOLAILLES

1° au bouillon :

250 g de pâtes à potage à l'œuf (tagliolini) ou pâtes fraîches (voir recette page 38),
200 g de foies de volailles,
50 g de beurre,
un œuf, sel, poivre,
100 g de parmesan,
un litre et demi de bouillon bien dégraissé (ou tablette exprès de bouillon de poule).

Nettoyez les foies de volaille, coupez en petits morceaux et faites revenir dans le beurre. Salez, poivrez, mettez le bouillon à chauffer. Quand les foies sont pratiquement cuits (il leur faut peu de temps), mettez-les dans le bouillon avec les pâtes. Laissez cuire quelques minutes et versez dans la soupière où, auparavant, vous aurez dilué le jaune d'œuf avec un peu de bouillon seul en prenant soin qu'il ne « prenne » pas. Ajoutez 50 g de parmesan et présentez le reste dans une fromagère pour que chacun se serve à table. Versez dans les assiettes à soupe et autorisez vos invités à faire du bruit en mangeant et à enrouler leur serviette autour du cou.

2° aux champignons :

un paquet de tagliatelle 500 g,
150 g de champignons secs,
300 g de foies de volaille,
100 g de beurre,
une gousse d'ail,
sel, poivre,
100 g de parmesan,
un petit pot de crème fraîche.

Mettez les champignons à tremper quelques heures. Lavez-les soigneusement (rien n'est plus désagréable que de trouver du sable dans un plat), essuyez-les et coupez-les en fines lamelles. Mettez l'ail à revenir dans une petite cocotte avec les 100 g de beurre, puis ajoutez vite les champignons avant que le beurre noircisse. Tournez, couvrez, et laissez cuire une bonne demi-heure à feu très doux. En cours de cuisson, ajoutez un peu d'eau (ou de bouillon) si nécessaire. Pendant ce temps-là nettoyez les foies et coupez-les en petits morceaux. Ajoutez-les aux champignons, tournez et laissez cuire encore quelques minutes. Salez, poivrez. Dans une grande casserole d'eau bouillante salée, faites cuire les pâtes à gros bouillons. Peu avant de les égoutter, versez le petit pot de crème fraîche dans la cocotte, remuez et sortez du feu. Mettez les pâtes dans un plat chaud allongé et couvrez de sauce sans retourner. Saupoudrez de fromage et servez. C'est succulent.

Je n'ai pas essayé la même recette avec des champignons de Paris, mais je suis sûre que c'est très bon.

LES PÂTES À L'ANGUILLE

L'anguille est grasse et un peu écœurante, à mon goût, mangée seule. En accompagnement des pâtes, elle leur livre sa saveur originale et les assaisonne vigoureusement.

un paquet de lasagnette
ou pappardelle sans œuf 500 g,
500 g d'anguille,
50 g de beurre, 50 g d'huile,
ail, persil, basilic,
tomates pelées 350 g,
sel, poivre.

Si vous avez pêché l'anguille vous-même, pelez-la en l'accrochant à un crochet par la bouche après avoir taillé une découpe autour de la tête. Dès que vous aurez retourné assez de peau pour l'attraper avec un torchon, vous pourrez la retirer comme un gant. A raconter, ça paraît facile... Puis videz-la, lavez-la et coupez-la en gros morceaux. Si vous l'achetez chez votre poissonnier, il se chargera de ce scalp. Mettez ensemble dans une sauteuse Tefal l'ail, le persil haché, le basilic et les tomates avec leur jus. Salez, poivrez et faites cuire à feu doux. A mi-cuisson ajoutez les quartiers d'anguille et l'huile d'olive. Couvrez et laissez cuire jusqu'à ce que l'anguille commence à se défaire dans la sauce. Dans une grande casserole d'eau bouillante, salée, faites cuire « al dente » vos pâtes, égouttez-les et assaisonnez-les avec cette sauce et un morceau de beurre. Le parmesan n'est pas indispensable, mais il est toléré.

LES PÂTES AUX TROIS BEURRES

NOUVELLE • RECETTE •

un paquet de tagliatelle (les alsaciennes vont très bien),
50 g de beurre doux,
50 g de beurre salé,
50 g de triple crème (mascarpone, Boursault ou crème épaisse),
75 g de parmesan bien frais,
poivre.

Ce n'est pas une recette de carême... mais les diététiciens s'accordent aujourd'hui à ne plus condamner les beurres et les graisses animales en bloc. Chaque organisme diffère, de gros mangeurs de foie gras peuvent ne produire aucun cholestérol.

Pendant la courte cuisson des pâtes à l'œuf, faire

fondre tous les beurres et le parmesan dans le plat de service chauffé, en allongeant cette sauce avec une ou deux cuillerées d'eau de cuisson. Ça doit chauffer mais pas cuire. Versez les pâtes égouttées dans cette crème, poivrez, servez vite. N'ajoutez pas de parmesan.

NOUVELLE RECETTE

LES PÂTES AU POTIRON, LAIT ET COMTÉ

On trouve plusieurs variétés de potiron, ou citrouille, ou courge (j'ai appris par une question des « Grosses Têtes » que c'est la même chose) : les rouges, les jaunes et les blanches. Il y a aussi les « turbans turcs » qui sont si jolis qu'on en fait des bases de décorations florales. C'est un légume mal connu qui contient du sucre et de la carotène qui donne bonne mine.

Ces pâtes sont gaies et aimables.

300 g de bombolotti,
un potiron de 1 kg, ou un morceau du même poids,
200 g de comté,
100 g de beurre,
Viandox.

Faire cuire au four le potiron entier (après l'avoir vidé sinon il exploserait) une demi-heure à chaleur moyenne. Recueillez la chair avec une cuiller et écrasez-la avec le beurre dans une sauteuse. Mettez à feu doux en allongeant avec le lait et une bonne cuillerée de Viandox. Quand c'est bien uni, ajoutez le comté râpé, poivre et sel au goût. Assaisonnez les pâtes avec cette purée. C'est une espèce de fondue légère et facile à manger.

Enrichie d'un jaune d'œuf et de deux blancs montés en neige, cette préparation fait un excellent soufflé (20 mn au four chaud).

PÂTES A LA CRÈME DE TRUFFES BLANCHES

NOUVELLE RECETTE

Les précieuses truffes blanches qui ne sont pas commercialisables parce qu'elles sont trop petites, ou partiellement abîmées, sont intelligemment récupérées maintenant par des sociétés artisanales qui en font une pâte en petits pots stérilisés. On les trouve partout aujourd'hui et ils permettent de parfumer somptueusement des pâtes ou des œufs brouillés à moindres frais. Ces petits pots n'existaient pas quand j'ai écrit mes premières recettes il y a cinq ans. A présent je m'en sers toute l'année.

un paquet de spaghetti alla chitarra à l'œuf,
un petit pot de crème de truffe blanche,
100 g de beurre,
sel, poivre, parmesan (facultatif).

C'est bête comme chou : vous assaisonnez les pâtes cuites « al dente » avec le beurre manié avec la crème de truffe (une grosse cuillerée à soupe suffit pour un paquet de pâtes) dans le fond chauffé du plat de service. Un tour de poivre, si vous aimez, et c'est tout. Pour moi c'est déjà si richement parfumé que le parmesan est superflu. Mais il n'est pas interdit. Dans ce cas prenez bien le soin de le faire fondre dans le plat avec le beurre et la crème de truffe, en allongeant avec un peu d'eau de cuisson.

RECETTES DE L'HIVER

LES PÂTES AUX FÈVES ET AUX PISSENLITS

Je place les fèves derrière les haricots et les lentilles dans le hit-parade des légumes secs, au même rang que les pois chiches. Fraîches, elles ont un goût complètement différent, pas le même légume dirait-on. Mais associée aux pâtes, la fève embellit et se bonifie comme une femme heureuse en ménage. Il lui faut quand même un petit coup de fouet : les pissenlits, légèrement amers, remplissent ce rôle.

300 g de zite,
250 g de fèves séchées,
1 kilo de pissenlits,
huile d'olive, ail,
un crottin de Chavignol sec,
sel, poivre.

Faites tremper les fèves pendant une nuit. Rincez-les, égouttez-les et mettez-les à cuire dans une marmite en terre cuite (ou en fonte émaillée) couvertes d'eau et une cuillerée à café d'huile d'olive. Ne salez surtout pas, couvrez et mettez à feu doux pendant deux ou trois heures (selon l'âge des fèves). Tournez bien au début pour que ça n'attache pas. En fin de cuisson, vous obtiendrez une purée pas trop épaisse.

Nettoyez bien les pissenlits et faites-les bouillir cinq minutes dans une casserole d'eau salée, égouttez-les et passez-les dans une poêle avec de l'huile et une gousse d'ail.

Cuisez les pâtes « al dente » dans une grande casserole d'eau bouillante salée, et quand vous les aurez égouttées, assaisonnez-les avec les fèves en purée, de l'huile d'olive et les pissenlits revenus. Râpez par-dessus un crottin de Chavignol entier, tournez et servez chaud avec un vin de la Loire frais. Quel repas !

LES CANNELLONI

Les cannelloni sont comme les boulettes de viande ou les croquettes de poisson : il ne faut pas les manger au restaurant. On rend service au cuisinier en le débarrassant de ses restes de viandes cuites, car je doute qu'il jette les entames de rôtis et les pot-au-feu en rade... De la franchise des cannelloni dépend votre teint le lendemain. Les cannelloni ne se font pas avec des restes mais les viandes qui lui conviennent, cuisinées la veille, ce serait bien, et refroidies dans leur sauce. C'est un plat du dimanche, un plat de famille qui réjouit petits et grands. Je connais deux recettes, une du Nord, une du Sud. Les deux sont délicieuses.

LES CANNELLONI DU NORD

pour la farce :
500 g de veau à rôtir,
350 g d'épinards en branches (frais ou surgelés),
150 g de jambon de Paris,
100 g de parmesan,
50 g de beurre,
100 g de sauce bolognaise (voir recette page 34)
ou de sauce tomate (voir recette page 31-32),
2 œufs, sel, poivre, noix muscade.

pour la pâte :
500 g de farine blanche,
4 ou 5 œufs, selon leur grosseur,
ou lasagne en paquet. (largeur 10 cm).

pour la béchamel :
50 g de farine,
50 g de beurre,
1/2 litre de lait.

Faites rôtir le veau salé et poivré, presque sans corps gras. Il ne doit plus être rose au milieu. Quand il a refroidi, hachez-le avec le jambon cuit sans gras. Lavez soigneusement les épinards et faites-les bouillir quelques minutes dans peu d'eau salée, égouttez-les bien en formant une boule entre vos mains, et hachez-les. Dans une grande terrine, unissez la viande, les épinards, les deux œufs entiers, 50 g de parmesan, du sel, du poivre et une bonne pincée de noix muscade que vous râperez vous-même. Mélanger bien. Faites la pâte comme la recette des « pâtes fraîches » et coupez-la en rectangles de 8 cm sur 10 que vous ferez bouillir un par un comme pour la recette précédente. Idem pour les lasagne en paquet. Égouttez-les, trempez-les dans l'eau froide et déposez-les côte à côte sur un linge, bien à plat. Faites une béchamel légère selon ma méthode (voir macaroni au gratin) à froid, ou selon la méthode traditionnelle, à chaud : faites chauffer le lait ; dans une casserole à côté, faites fondre le beurre et mettez la farine à roussir en tournant sans cesse pour éviter les grumeaux ; ajoutez le lait petit à petit avec du sel, du poivre et de la noix muscade râpée ; tournez continuellement et cuisez dix minutes. Formez les cannelloni en fourrant chaque morceau de pâte avec le composé de viande et d'épinards, puis en les enroulant délicatement sans trop les serrer. Dressez un plat à four beurré avec tous ces cigares farcis, arrosez d'un peu de sauce bolognaise (ou tomate), saupoudrez de parmesan et de quelques miettes de beurre. Recommencez sur une deuxième couche de cannelloni s'il y a lieu, versez la béchamel sur le tout, une dernière volée de parmesan et mettez au four très chaud (220°) un quart d'heure. Servez chaud.

LES CANNELLONI DU SUD

pour la pâte :
500 g de farine de blé dur,
4 œufs (5 s'ils sont petits),
sel,
ou lasagne en paquet (largeur 6 à 8 cm).

pour la farce :
300 g de viande de bœuf à braiser,
2 œufs,
100 g de fromage cuit (gruyère, beaufort ou parmesan),
sel, poivre.

Préparez la viande braisée selon les recettes « pâtes au ragoût » ou « pâtes à la daube », à la différence que vous laissez le morceau entier, sans le ficeler. Veillez à ce que la sauce soit abondante. Quand la viande a refroidi, hachez-la et remettez-la dans la cocotte avec la moitié de la sauce filtrée (herbes dures, peaux de tomates et grains de poivre doivent disparaître). Faites la pâte selon la recette « pâtes fraîches » avec une pincée de sel, ça la rendra plus compacte. Coupez des rectangles de 6 cm sur 8, et plongez-les un à un dans l'eau bouillante salée pour quelques minutes. Égouttez-les et passez-les dans une bassine d'eau froide, puis posez-les sur un torchon propre. Même technique avec les lasagne en paquet que vous cuirez un peu plus longtemps et que vous découperez en rectangles une fois cuits. Faites chauffer la viande hachée afin qu'elle épaississe suffisamment, et remplissez chaque morceau de pâte en longueur. Saupoudrez de fromage râpé et roulez. Déposez-les au fur et à mesure dans un plat à four beurré, puis arrosez-les de sauce et couvrez de fromage râpé. Mettez le plat à gratiner 20 minutes dans un four chaud (180°). Peu avant de le sortir du four, battez deux œufs, salés et poivrés, dans un bol, et versez-les sur les cannelloni. Quand les œufs ont pris et que la surface a une belle couleur dorée, c'est prêt. Servez chaud.

LES TORTELLI AUX BLETTES

Si les blettes ont de larges côtes sans feuilles, préférez-leur les épinards.

pour la farce :
800 g de blettes (sans côtes) ou d'épinards,
200 g de fromage blanc de brebis,
100 g de parmesan,
50 g de beurre,
noix muscade,
sel, poivre.
pour la pâte :
500 g de farine,
4 œufs.

Lavez et émondez les blettes jeunes. Faites-les cuire dans l'eau bouillante salée (les légumes qui poussent dans la terre en eau froide et ceux qui poussent hors de la terre en eau bouillante, vieux dicton). Quand elles sont cuites, égouttez-les et faites une boule avec vos mains pour en presser toute l'eau, comme pour les épinards. Hachez et mettez à revenir dix minutes dans un peu de beurre à feu modéré, avec une pincée de noix muscade et de sel. Sortez du feu et incorporez le fromage frais que vous aurez laissé égoutter dans une passoire. Mélangez et ajoutez le parmesan râpé. Préparez la pâte comme pour les tortelli de Noël mais cette fois-ci coupez-les en carrés de 8 par 8. Mettez un peu de farce au centre de chaque et refermez-les à l'aide d'un taille-pâtes à roulette afin que le bord soit net, en triangle ou en rectangle, à votre bon plaisir. Faites-les bouillir attentivement quelques minutes à peine. Attention en les sortant, qu'ils ne s'ouvrent pas. Si votre pâte est élastique, ça ne devrait pas arriver. Versez dans un plat chaud où vous aurez fait fondre du parmesan râpé dans du bon beurre de baratte. C'est un repas raffiné.

LES TORTELLI DE NOËL

Plus gros que les tortellini, ils sont, à Bologne, un en-cas maigre avant la messe de minuit. Après, on se tape des pieds de porc (zampone), un chapon farci, des beignets de légumes, un semi-freddo arrosé de vin doux et du « panettone » (brioche aux fruits confits). Moi je vous les propose comme plat unique, suivis d'une salade. Ils feront beaucoup d'effet. N'en servez pas trop à la fois : le secret du succès avec les pâtes, c'est de laisser vos invités légèrement sur leur faim. Mais n'est-ce pas le secret du bonheur : savoir s'arrêter à temps pour garder le désir…

Nous nous lançons dans une cuisine plus calée, celle que Catherine de Médicis importa en France (où l'usage de la fourchette n'était pas encore connu). La culture des pâtes ne prit qu'à moitié, car les Français étaient — et sont toujours — très carnivores. En Russie, la même recette diffusée par les maçons italiens qui ont construit Saint-Pétersbourg est devenue les « vareniki », ravioli au fromage blanc servis avec la « smetana » (crème acide, crème sure au Canada).

pour la pâte :
500 g de farine blanche,
4 œufs.

pour la sauce :
voir sauce tomate,
recette de base 3.

Pour la farce :
500 g de ricotta,
50 g de parmesan,
50 g de persil,
2 œufs, noix muscade,
sel, poivre.

Nettoyez, lavez et hachez le persil. Égouttez la ricotta (ou le fromage blanc) et mélangez-la dans une terrine à 50 grammes de parmesan râpé, le persil, les œufs entiers, du sel, du poivre et une pincée de noix muscade. Mélangez bien.

Faites la pâte (voir recette de base des pâtes fraîches) qui doit être assez ferme. Travaillez-la pendant vingt minutes, ou, si vous êtes mécanisée, faites-le faire à votre esclave-robot. Tirez-la en une pâte fine (là, personne ne peut vous aider ; il faut qu'elle soit d'une pièce). Coupez des ronds avec un verre de 6 cm de diamètre. Au centre de chacun de ces disques, mettez une petite boule de farce sans la tasser, collez les bords comme un chausson puis les deux pointes entre elles comme un croissant. Cette opération doit être rapide afin que la pâte n'ait pas le temps de dessécher. Mettez à bouillir une grande casserole d'eau, plus large que haute si possible, salez et mettez à cuire les tortelli en les tournant doucement pour qu'ils ne se percent pas. Quelques minutes suffisent. Égouttez délicatement avec une écumoire, déposez-les dans un plat chaud avec une noix de beurre et assaisonnez à la sauce tomate, ou tout simplement à la crème fraîche sortie d'avance du frigo (qu'elle ne soit pas glacée !). Parmesan de rigueur. Servez vite dans des assiettes chaudes avec un bon vin rouge pétillant (Lambrusco).

LES TORTELLI AUX ÉPINARDS

pour la pâte :
400 g de farine,
4 œufs.

pour la farce :
500 g d'épinards,
300 g de ricotta,
100 g de mascarpone,
150 g de parmesan,
100 g de beurre,
2 œufs,
noix muscade, sel.

Nettoyez et lavez les épinards. Égouttez sans secouer. Mettez-les à bouillir dans leur eau de rinçage. Dès qu'ils sont assez froids, faites la boule pour les essorer à fond. Hachez-les et mettez-les dans le récipient où vous aurez battu la ricotta. Ajoutez le mascarpone, les œufs entiers, le parmesan, une pincée de sel et de noix muscade.

Faites la pâte comme je vous l'indique à « pâtes fraîches », étendez-la et faites des tortelli de 3 cm sur 3 bien remplis. Faites-les cuire quelques minutes dans beaucoup d'eau bouillante salée et servez-les chauds avec du beurre fondu et du parmesan.

Il existe des pâtes fraîches congelées. Ne vous y fiez pas. Autant les pâtes à tartes, pizzas et gâteaux rendent service, autant les pâtes à pâtes sont médiocres. Et puis il y a toujours cette affaire de conservants... Courage. Bientôt vous aurez le coup de main.

LES TORTELLI À LA COURGE

pour la pâte :
350 g de farine,
3 œufs.

pour assaisonner :
50 g de beurre,
50 g de parmesan.

pour la farce :
un kilo de courge cuite au four,
200 g de parmesan,
une cuillerée à soupe
de confiture d'orange,
sel, poivre, noix muscade,
un œuf.

On trouve la courge en morceaux, déjà cuite, sinon faites-la cuire au four, entière. Nettoyez les graines et prenez sa chair que vous écraserez avec une fourchette. Mélangez-la au parmesan râpé avec une bonne cuillerée à café de sel, une demi-noix muscade râpée, l'œuf, la confiture d'orange (ou de citron) et le poivre (ne soyez pas timide). Travaillez longuement ce composé ou confiez-le à votre robot à vitesse lente. Faites la pâte avec les œufs, la farine, et quelques gouttes d'eau tiède. Il faut que vous arriviez à tirer une pâte très fine et un peu plus molle que d'habitude comme le sont, pour vous donner une image, les ravioli chinois. Coupez-la en carrés de 8 cm de côté, remplissez-les de farce et recollez-les en rectangles de 8 sur 4. Mettez-les dans l'eau bouillante un par un, faites cuire quelques minutes (ils doivent rester « al dente ») et servez-les vite dans un plat chaud où vous aurez fait fondre le parmesan dans le beurre. Ils auront la légère couleur orange des courges mais pas leur goût doucereux des soupes de nos enfances : c'est un plat d'une grande finesse.

LES TORTELLINI

En Émilie, ils sont synonymes de jour de fête, sauf pour la cuisinière qui devra se lever plus tôt ce jour-là... Ma pauvre belle-mère, vous l'avez compris, passait le plus clair de son temps à la cuisine. Et ce n'était pas un lieu joyeux comme ma cuisine-salle à manger ouverte sur le salon. Dur destin des femmes du passé qui ne s'exprimaient qu'à travers l'estomac de leurs maris. Une minute de silence pour elles.

pour la pâtes :
300 g de farine blanche,
3 œufs.

pour la farce :
150 g de parmesan,
100 g de longe de porc,
100 g de mortadelle de Bologne,
100 g de jambon cru de Parme,
un filet de dinde 80 g,
2 œufs, 20 g de beurre,
sel, poivre, noix muscade,
2 litres de bon bouillon de bœuf
ou de poule, ou les deux mélangés.

Coupez le porc et la dinde en petits dés. Faites-les revenir dans du beurre et laissez cuire dix minutes. Passez au hachoir, avec le jambon cru et la mortadelle. Incorporez les œufs, le sel, le poivre, les 150 grammes de parmesan râpé et une pincée de noix muscade. Mêlez bien le tout.

Faites la pâte avec la farine et les œufs seuls, en la travaillant bien. Elle doit être assez ferme. Étendez-la sur le marbre (ou sur la planche) et étirez-la en une fine feuille sans trou. Découpez des carrés de 3 cm de côté, ou bien faites des ronds avec un verre à cognac de 3 cm de diamètre. Au centre de chaque carré ou de chaque disque, déposez un peu de farce, puis refermez chaque tortellini en repliant les coins (voir dessin). Collez bien les bords en appuyant entre le pouce et l'index, car la farce ne doit pas sortir, enroulez-les autour du bout d'un doigt, serrez et soudez les deux pointes repliées l'une sur l'autre. Si vous les préparez à l'avance, disposez-les sur un ou deux plateaux recouverts d'un torchon blanc enfariné, bien détachés, loin des chats et des fenêtres.

Faites bouillir le bouillon et versez-y les tortellini. Tournez délicatement et faites cuire deux ou trois minutes. On les sert dans leur bouillon, avec du fromage, ou, comme je les préfère, égouttés et assaisonnés de sauce bolognaise, ou plus simplement de beurre, de parmesan fraîchement râpé et de crème fraîche épaisse.

La même recette peut être faite en remplaçant le filet de dinde par du veau, et les œufs de la farce par de la chapelure (100 g). Il faut alors mouiller avec un peu de bouillon.

Avec toutes ces recettes émiliennes, je me suis mise en règle avec la cuisine des riches. Elle est sublime, mais j'ai hâte de retourner à mon huile d'olive et à mes légumes !

LES GNOCCHI À LA POMME DE TERRE

Ce ne sont pas tout à fait des pâtes, je vous l'accorde, mais c'est de la famille... Et c'est si bon. Je vous donne deux recettes très différentes : les gnocchi à la pomme de terre et les gnocchi de semoule. J'ai mangé les uns à Milan, les autres à Rome. Entre les deux mon cœur balance.

un kilo de pommes de terre farineuses,
350 g de farine de blé dur très fine,
150 g de beurre,
150 g de parmesan,
une cuillerée d'eau-de-vie (grappa),
un œuf, sel.

Faites cuire les pommes de terre dans l'eau froide. Quand elles sont cuites, pelez-les très chaudes (tenez-les dans un torchon) et passez-les à la moulinette directement sur votre plan de travail. Ajoutez 300 g de farine, l'œuf, une pincée de sel, une noix de beurre et l'eau-de-vie. Mélangez bien jusqu'à obtenir une pâte bien lisse qui ne colle plus aux mains. Ajoutez de la farine si c'est trop liquide. Détachez un morceau de pâte et roulez-le en forme de tube de la grosseur d'un doigt. Coupez-le en sections de 2 cm et posez-le sur une planche enfarinée. Recommencez l'opération jusqu'à épuisement de la pâte.

Jetez les gnocchi dans l'eau bouillante salée et retirez-les à l'écumoire dès qu'ils remontent à la surface (ça cuit très vite). Mettez-les dans un plat chaud où vous aurez fait fondre du parmesan avec du beurre, ou bien accommodez à une sauce à la viande (voir sauce du boucher ou sauce bolognaise). Mangez chaud.

La version carême existe : sans œuf et sans eau-de-vie.

LES GNOCCHI À LA SEMOULE

250 g de semoule,
120 g de beurre environ,
50 g de parmesan,
50 g de gruyère râpé,
3/4 de litre de lait,
sel,
2 œufs (facultatif).

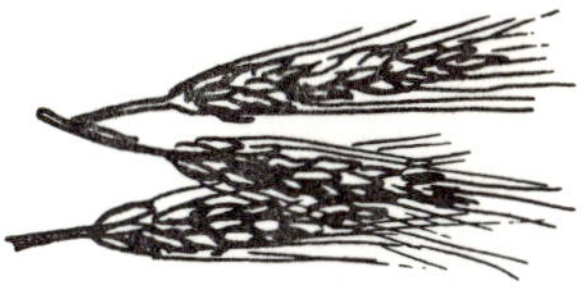

Mettre le lait à chauffer avec une noix de beurre et du sel. Quand le lait bout, versez la semoule en pluie en tournant vivement pour empêcher la formation de grumeaux. Cuire une petite demi-heure. Sortez du feu et unissez une cuillerée de parmesan et deux jaunes d'œufs. Tournez. Dans un ou deux plats à four mouillés, versez la semoule pour qu'elle se répande en une couche d'un demi-centimètre. Unifiez la surface avec un couteau mouillé. Quand la semoule aura refroidi et se sera solidifiée, faites des petites pastilles avec un verre à liqueur.

Beurrez un plat à four présentable à table (terre cuite ou pyrex). Faites fondre le beurre dans une petite casserole, sans le roussir. Disposez des couches de gnocchetti superposés en commençant par les bordures entre les ronds. Saupoudrez chaque couche de parmesan, versez du beurre fondu à la petite cuiller, et prenez soin de poser les gnocchi à cheval sur les vides de la couche précédente, comme la succession de sièges de cinéma (rénové). Versez le gruyère et mettez à four chaud (200°) à gratiner. C'est prêt quand le dessus est bien doré.

Les deux jaunes d'œufs sont facultatifs.

LES PÂTES AU CONFIT D'OIE

Cette recette est particulièrement adaptée aux pâtes de farine intégrale. Elles ne sont pas toujours faciles à trouver, et pas d'histoires, elles sont meilleures faites par vous-même. La farine intégrale n'entre que pour un cinquième dans ma recette, alors que les confections industrielles diététiques confèrent aux pâtes 100 % intégrales un goût « écolo » plus religieux que gastronomique. Conclusion : si vous n'avez pas le temps de faire la pâte, je vous conseille vos pâtes de blé dur habituelles, papillons ou grosses coquillettes.

pour la pâte :
400 g de farine blanche,
100 g de farine intégrale (son),
5 œufs,
sel.

pour l'assaisonnement :
250 g de confit d'oie,
250 g de noix épluchées,
un bouquet de persil,
un peu de lait, sel, poivre,
parmesan ou « grana » (parmesan de la plaine du Pô).

Faites la pâte avec les deux farines, les œufs entiers, une pincée de sel, et, exceptionnellement, un peu d'eau tiède qui vous permettra d'obtenir une juste consistance. Pétrissez-la pendant dix minutes au moins, puis étendez-la en une ou deux feuilles de deux millimètres d'épaisseur. Laissez-les sécher un peu, puis coupez de larges bandes que vous roulerez pour les découper en tagliatelle irrégulières de 4 millimètres de largeur à peu près. Pendant que votre grande casserole d'eau chauffe, coupez le confit en dés et mettez-le à revenir dans son gras. Au bout de cinq minutes, ajoutez les noix broyées dans un moulin, puis le persil haché et un demi-verre de lait. Encore cinq minutes de cuisson et c'est prêt. Jetez les pâtes dans l'eau bouillante salée, cuisez-les « al dente » (3 à 4 minutes) et assaisonnez-les dans un grand plat chaud avec le confit et du fromage abondant. Poivrez et servez chaud. Un régal.

LE POTAGE DE VERMICELLES AUX ÉPINARDS

Avec le temps, je commence à découvrir les vertus des potages. Les tristes consommés où flottent quelques pâtes ramollies me fichent le cafard, mais pas ce bouillon de ma belle-mère qui est un nectar.

250 g de vermicelles à l'œuf,
ou pâtes à potage de votre choix,
un litre de bon bouillon
(un lendemain de pot-au-feu),
une livre d'épinards en branches
(les surgelés sont convenables),
beurre, un œuf par personne,
parmesan fraîchement râpé, sel, poivre.

Faites bouillir les épinards quelques minutes, égouttez-les, pressez-les en boule pour faire sortir toute l'eau et hachez-les. Faites-les revenir dans un bon morceau de beurre sans les noircir, puis sortez-les du feu. Dans une casserole faites bouillir le bouillon ; jetez-y les pâtes, couvrez exceptionnellement et faites cuire « al dente ». Dans la soupière froide, mettez les jaunes d'œufs, le parmesan (une bonne poignée), du poivre, et tournez avec un peu de bouillon refroidi dans une tasse. Versez le bouillon et les épinards ensemble, tournez et servez vite. Si c'est un soir de diète, omettez de faire revenir les épinards et supprimez complètement le beurre. Ce sera tout aussi bon.

LES PÂTES AU GRAS-DOUBLE

Achetez du gras-double précuit bien charnu et pas trop gras. S'il est cru demandez à votre boucher combien de temps il faut le bouillir avant de le cuisiner. Ma recette commence à ce moment-là.

un paquet de penne cannelées (rigate),
un kilo de gras-double,
250 g de tomates pelées,
persil, basilic et romarin frais,
2 gousses d'ail,
une ou deux carottes, un gros oignon, une branche de céleri,
sel, poivre, bouillon,
100 g d'huile d'olive,
parmesan.

Lavez le gras-double précuit à grande eau, coupez-le en morceaux d'une bouchée et faites-le bouillir 20 minutes dans l'eau salée.

Hachez l'oignon, l'ail, la carotte, le céleri, le persil, le basilic et le romarin. Mettez tous ces légumes à revenir dans un faitout avec 50 g d'huile pendant 10 minutes. Égouttez le gras-double et versez dans le faitout avec les tomates. Salez et poivrez généreusement. Tournez, couvrez et laissez cuire à tout petit feu pendant 2 heures. Surveillez que ça n'attache pas et mouillez avec de l'eau ou du bouillon le cas échéant. Ajoutez le restant d'huile en fin de cuisson.

Faites cuire les penne dans une grande casserole d'eau bouillante salée. Égouttez-les « al dente » (8 à 9 minutes) et assaisonnez-les avec le gras-double bien chaud et du parmesan. C'est d'une finesse toute lyonnaise.

Variante : On peut augmenter la quantité de légumes et ajouter, en fin de cuisson, des épinards en branches cuits et hachés.

La même recette peut être réalisée avec des tripes.

LES BOULETTES DE PÂTES FRAÎCHES AUX ÉPINARDS

C'est une succulente recette piémontaise. On les appelle les « malfatti » (mal faites). Elles ne ressemblent à aucun autre type de pâtes. Il est rare de les trouver dans les restaurants et je dois encore à ma belle-mère cette recette « bourgeoise ».

600 g d'épinards en branches,
250 g de farine blanche,
200 g de ricotta,
150 g de beurre,
120 g de parmesan,
3 œufs,
un petit oignon,
sel, poivre, noix de muscade.

Faites bouillir les épinards dans un peu d'eau salée. Égouttez-les, pressez-les en boule pour les essorer, hachez-les et faites-les revenir dans 30 grammes de beurre où vous aurez fait blondir l'oignon puis retirez. Laissez refroidir, puis mêlez les épinards à la ricotta avec la moitié du parmesan, une pincée de noix muscade, trois œufs entiers et 200 grammes de farine. Salez, poivrez et malaxez bien. Puis faites des boulettes grosses comme une noix et roulez-les dans la farine. Ébouillantez-les dans une grande casserole d'eau salée et laissez cuire quelques minutes : les boulettes sont cuites dès qu'elles remontent à la surface. Égouttez-les et assaisonnez-les avec le beurre fondu et le reste de parmesan. Passez au four chaud cinq minutes et servez vite. C'est un plat d'une exceptionnelle légèreté.

LES LASAGNE

Il y a mille et une versions de ce plat familial qui varie selon les régions et les goûts. Je les aime sans béchamel ou très peu. Il y a des plats au four qui ressemblent à des lasagne mais n'en sont pas : je les appellerai « pasticcio » ou pâtes au four, tout simplement.

LES LASAGNE VERTES

pour la pâte :
350 g de farine blanche,
300 g d'épinards,
2 œufs.

pour la béchamel :
50 g de beurre,
50 g de farine,
1/2 litre de lait,
sel, poivre.

pour la farce :
100 g de jambon cru (coupé épais),
100 g de porc maigre,
100 g de bœuf,
100 g de foies de volaille,
100 g de beurre,
100 g de parmesan,
50 g de poitrine fumée (facultatif),
coulis de tomate,
un petit pot de crème,
un oignon, une carotte,
une branche de céleri,
une truffe,
sel, poivre.

Hachez ou faites hacher par le boucher le porc, le bœuf et le jambon. Hachez finement l'oignon, la carotte, le céleri et la poitrine fumée. Mettez à revenir dans une cocotte avec 50 grammes de beurre. Faites blondir l'oignon, puis ajoutez les viandes. Laissez revenir quelques minutes, puis mouillez avec le coulis de tomate dilué dans un verre d'eau tiède. Salez (peu), poivrez et laissez cuire une bonne heure, en arrosant, si nécessaire, avec de l'eau (ou du bouillon).

Nettoyez et lavez les épinards, faites-les cuire avec le peu d'eau qui reste dans les feuilles après le lavage. Ils sont vite cuits (aussi vite que des surgelés), égouttez-les et pressez-les entre vos mains pour en dégorger toute l'eau. Hachez-les et unissez-les à la farine et aux œufs entiers. Pétrissez pendant dix bonnes minutes. La pâte ne doit pas être trop molle. Si elle colle aux doigts, ajoutez un peu de farine. Étendez-la avec un rouleau à pâtisserie et tâchez de faire une pâte la plus fine possible. Si vous avez une machine, faites des lasagne de la plus grande largeur. A la main, découpez la pâte en feuilles de la largeur de votre plat à four. Faites une béchamel légère (voir recette page 54). Mettez une grande casserole d'eau à bouillir, salez et faites cuire les lasagne à raison d'une ou deux feuilles à la fois. Une demi-minute suffit. Sortez les lasagne avec deux écumoires, mettez-les à refroidir dans l'eau froide, puis étendez-les sur un linge. Perforez avec une fourchette en dix endroits. Lavez, nettoyez et hachez les foies de volaille. Ajoutez-les à la sauce (goûtez pour vous assurer qu'elle est cuite) et laissez mijoter 5 minutes. En remuant, ajoutez la crème fraîche et la truffe brossée, lavée et coupée en fines tranches. Dans votre plat à four beurré, faites des couches successives de lasagne, sauce, béchamel, parmesan, lasagne, etc. Finissez avec une couche de pâte, saupoudrez de parmesan et posez çà et là quelques coquilles de beurre. Mettez à four chaud (180°) pendant 30 minutes. C'est long à faire, mais ça en vaut la peine.

Si vous êtes astucieux, faites-en deux ou trois à la fois : vous les congèlerez pour des dîners futurs.

LES LASAGNE ÉMILIENNES

Pour la pâte, si vous décidez de la faire vous-même (mais rappelez-vous qu'elles sont excellentes en paquet) :
400 g de farine,
4 œufs.

pour la farce :
300 g de viande de bœuf hachée de première qualité,
200 g de jambon cru,
200 g de beurre,
150 g de parmesan,
40 g de farine,
1/2 litre de lait, une tasse de bouillon,
une carotte, un oignon,
une branche de céleri,
coulis de tomate,
du vin blanc sec,
sel, poivre.

Faites la pâte (voir recette de base des pâtes fraîches) ou achetez un paquet de 500 g de lasagne.

Hachez l'oignon, la carotte et le céleri, ainsi que le jambon (en faisant attention de ne pas en faire de la bouillie). Mettez à revenir dans une cocotte les légumes et le jambon dans 80 g de beurre. Faites bien dorer et ajoutez la viande hachée. Faites revenir puis mouillez de temps en temps avec du vin blanc (un demi-verre). Quand il est évaporé, versez un verre de bouillon (vive les tablettes !) où vous aurez dilué une cuillerée de coulis de tomate. Salez, couvrez, et faites cuire deux heures en mouillant avec du bouillon si nécessaire.

Faites une béchamel légère (voir recette page 54).

Dans une grande casserole à fond large, déposez les feuilles de lasagne une à une dans l'eau bouillante salée et faites cuire une minute chacune. Puis égouttez-les et mettez-les à refroidir dans une bassine d'eau froide. Égouttez-les de nouveau et posez-les sur un linge sans les superposer. Avec une fourchette percez-les en dix endroits. Beurrez un plat à bords moyens (6 à 8 cm) et déposez une couche de lasagne, une couche de sauce, quelques cuillerées de béchamel, saupoudrez de parmesan et recommencez jusqu'à la dernière couche que vous parsèmerez de coquilles de beurre. Passez le plat au four chaud (200°) pendant 20 à 30 minutes, selon la hauteur de votre plat.

Le lendemain, on réchauffe les lasagne au micro-ondes : elles sont comme neuves.

LES PÂTES DU BOUCHER

un paquet d'orecchiette de 500 g,
500 g de tomates pelées,
veau, agneau, porc et bœuf : 100 g de chaque,
un oignon,
huile d'olive,
sel, poivre.

Coupez les viandes en gros dés : tous les morceaux doivent être maigres, sans os et d'égale tendresse. Laissez faire le boucher, il choisira les morceaux qui se marient le mieux. Faites revenir l'oignon dans une large sauteuse avec un bon verre d'huile d'olive, puis mettez-y les quatre viandes à dorer. Ajoutez alors les tomates déjà un peu chauffées dans une casserole à côté, salez, poivrez, couvrez et laissez cuire à petit feu une bonne heure.

Quand vous aurez fait cuire les orecchiette (attention, elles sont tenaces, le cœur ne doit pas être dur), assaisonnez-les avec la sauce et les morceaux de viande. Dans les familles pauvres, on gardait les viandes pour le lendemain… On peut « rosir » avec une cuillerée de crème fraîche.

LES PÂTES AUX FILETS DE SOLES

Cette recette fantastique m'a été donnée par un prêtre défroqué qui tient un des restaurants les plus imaginatifs de Toscane ★. Dans un décor de formica, au sous-sol d'un HLM de banlieue, ce grand passionné de culture gastronomique travaille seul avec une domestique. Un repas dure quatre heures et il faut réserver des mois à l'avance car il ne cuisine jamais pour plus de quatre personnes à la fois ! Le restaurant a trois tables en tout. Manger chez lui est une véritable cérémonie : il vous suggère quoi avaler le matin pour préparer la bouche. Pas de pain et de beurre sur la table pour calmer la longue attente et le menu est pratiquement de son choix. Les vins, précieux et inattendus, aussi. J'ai bu de l'hydromel chez lui pour la première fois, et un vin doux résiné interdit à la vente qu'il sert avec le poisson. Son fort est le Moyen Âge et les Médicis. Il a reconstitué les recettes de Bocaccio et quelques-unes d'après Virgile, seuls indices de la civilisation étrusque. Les repas finissent par des alcools amers de sa fabrication dont on pourrait penser ne pas revenir vivant. Il oublie parfois d'apporter l'addition qu'il faut réclamer avec beaucoup de délicatesse sans laisser de pourboires tapageurs. Un culte de la table sublime comme le théâtre : caduque, éphémère mais indispensable.

un paquet de linguine 500 g,
3 soles,
4 ou 5 champignons de culture,
un oignon piqué d'un clou de girofle,
une carotte, un petit oignon, un zeste de citron,
une bouteille de bon vin blanc sec,
une tablette de bouillon de poule,
poivre blanc, sel, piment doux,
une noix de beurre et 50 g de crème fraîche.

★ Alessi Montorsoli (Florence).

Détachez les filets de soles et pelez-les. Si vous craignez d'échouer demandez au poissonnier de le faire pour vous. Mettez les arêtes à « transpirer » à feu doux pendant dix minutes dans une casserole Tefal couverte sans aucun corps gras. Ajoutez les champignons nettoyés et coupés en deux et cuisez encore cinq minutes. Mettez la tablette de bouillon et faites-la fondre, puis mouillez avec une demi-bouteille de vin blanc et quatre louches d'eau. Ajouter tous les légumes (carotte, oignon, un demi-zeste de citron, poireau) et laissez bouillir à feu doux pendant 45 minutes en écumant de temps à autre. Vérifiez le sel, puis laissez reposer une demi-heure.

Entre-temps faites fondre le beurre dans une poêle avec le piment doux que vous retirerez dès qu'il aura bruni. Faites revenir les filets de soles coupés en petits morceaux pendant 3 à 4 minutes, puis ajoutez un demi-verre de vin blanc. Laissez-le réduire, mouiller avec 3 ou 4 cuillerées de court-bouillon et remettez-le à bouillir pour y cuire les pâtes « al dente ». Sortez-les du bouillon à la pince pour ne pas trop les égoutter et mettez-les directement dans la poêle avec les soles et la crème fraîche. Faites sauter deux minutes à feu vif et servez chaud saupoudré de zeste de citron râpé. Amen.

LES PÂTES AUX POIS CHICHES

Plat hivernal par excellence, il me rappelle, par l'odeur qu'il répand dans la cuisine, les rues de Marrakech où la soupe du couscous mijote dans toutes les maisons. Parfum de mon enfance, donc sacré. Proust nous l'a si bien dit. Les pois chiches ont réapparu dans ma vie en compagnie des pâtes. Cette recette des Pouilles vaut bien un tagine marocain.

300 g de ditalini (dés),
300 g de pois chiches,
un oignon, une belle branche de céleri,
3 feuilles de laurier,
une gousse d'ail,
huile d'olive,
sel, poivre, cumin,
bicarbonate de soude.

Faites tremper vingt-quatre heures les pois chiches dans l'eau froide avec une cuillerée à café de bicarbonate. Égouttez et verser dans une casserole à pot-au-feu. Recouvrez d'eau froide (2 litres environ), 2 cuillerées d'huile d'olive, salez, joignez le céleri en petits morceaux, l'oignon coupé en deux, l'ail haché, les feuilles de laurier, quelques grains de poivre entier et une pincée de cumin. Couvrez et mettez à feu vif. Quand ça bout, baissez le feu et laissez cuire tout doucement pendant quatre heures sans jamais soulever le couvercle. A ce terme, jetez les pâtes en pluie, tournez. Quand les pâtes sont cuites, versez un demi-verre d'huile d'olive, servez dans des écuelles chaudes, sans fromage.

Variante napolitaine : On peut cuire les pois chiches sans céleri ni oignons ni cumin et mettre l'ail en même temps que les pâtes. Au moment où les pâtes sont cuites, ajoutez une poignée de persil haché.

Variante romaine : Hachez du romarin frais avec de l'ail. Mettez à revenir puis mouillez avec du coulis de tomate dilué dans un demi-verre d'eau. Laissez cuire une vingtaine de minutes et ajoutez aux pois chiches cuits avant de mettre les pâtes. Fromage dans aucun cas.

LES PÂTES AU POT-AU-FEU (RESTES)

Voici une de mes recettes pour accommoder les restes de pot-au-feu. Un soir, il me fallait nourrir plus de bouches que mes restes réchauffés ne me le permettaient : je les ai mis dans des pâtes et j'ai inventé ce plat délicieux.

un paquet de sedani 500 g,
un reste de viande bouillie (bœuf ou veau),
une livre d'oignons (rouges ou blancs nouveaux),
250 g de tomates pelées,
huile d'olive, persil,
sel, poivre, sucre.

Hachez les oignons grossièrement et faites-les revenir dans une cocotte avec un demi-verre d'huile. Couvrez et cuisez-les à feu doux afin qu'ils ne roussissent jamais. Au bout d'un quart d'heure ajoutez les tomates et la viande dégraissée et coupée en dés. Salez, poivrez, mettez une pincée de sucre. Laissez mijoter une demi-heure ou plus, en allongeant avec de l'eau chaude ou du bouillon. Plus ça cuit, meilleur c'est. Vers la fin ajoutez le persil haché. Dans une grande casserole d'eau bouillante salée, jetez les pâtes en pluie. Égouttez « al dente » et assaisonnez avec la sauce. La viande se sera défaite dans la tomate et l'oignon. Le parmesan n'est pas indispensable, mais il n'abîme rien.

LES PÂTES AUX POIREAUX

Le poireau, de la même famille que l'oignon, est un légume mal connu. Les Anglais l'utilisent plus que nous, et c'est chez eux que j'ai concocté cette recette laissée en héritage à mon amie Suzannah York chez qui j'habitais pendant un film que nous tournions ensemble. Les Anglais sont friands de cuisine italienne, mais ils ne connaissent pas bien les pâtes, eux non plus. On vous sert certaines bouillies cuites 20 minutes avec du ketchup amélioré... Mon séjour chez Suzannah a été une révélation pour elle et ses amis. Peut-être finirai-je « professeur de pâtes » itinérant quand les théâtres et les écrans ne voudront plus de moi !...

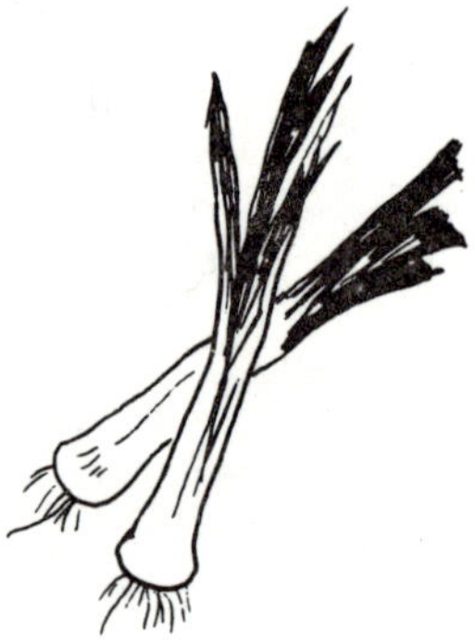

un paquet de grosses coquillettes
ou de papillons,
6 poireaux de moyenne taille,
2 tablettes de bouillon de poule,
huile d'olive, sel, poivre,
un morceau de cheddar vieux 100 g,
une noix de beurre.

Nettoyez, lavez les poireaux. Coupez-les en deux par la longueur, puis en petits morceaux de 3-4 centimètres. Mettez-les à revenir dans une sauteuse avec l'huile d'olive, sans les égoutter complètement. Tournez, versez une tasse de bouillon chaud, couvrez et laissez mijoter à feu doux. Surveillez souvent et ajoutez du bouillon si utile. Une bonne demi-heure de cuisson est nécessaire. Attention au sel, n'oubliez pas que le bouillon est salé.

Sur une planche en bois, hachez le cheddar avec un grand couteau en morceaux aussi petits que possible.

Les coquillettes cuisent à gros bouillons dans une grande casserole sans couvercle (cela avait surpris les Anglais qui pensent qu'une casserole sans couvercle est comme une femme sans chapeau : ça fait désordre). Quand les pâtes sont prêtes (9 à 10 minutes de cuisson, autre stupeur des Anglais), mélanger le tout dans un grand plat chaud : la crème de poireau, le cheddar, une noix de beurre et du bon poivre. C'est un délice.

LES PÂTES AU CAVIAR

Vous vous dites : « La Russkof, elle va nous faire des pâtes au caviar. » Erreur. J'aime trop le bon caviar, justement, pour lui rendre un si mauvais service. Ce n'est pas en mettant les meilleures choses ensemble qu'on fait les meilleurs plats. Le caviar se mange *froid.* Au contact des pâtes chaudes, ses petits œufs délicats, au lieu de claquer voluptueusement sous votre langue, crèvent en petites bourses creuses salées. Je crois sincèrement que la préciosité du caviar tient à ce plaisir tactile autant qu'à son goût fragile et indéfinissable. Alors, croyez-moi, laissez tomber. Si vous avez la chance d'avoir du bon caviar, savourez-le tout seul sur une tranche de pain beurré avec une vodka ou un verre de champagne, et ne le noyez pas dans une aventure culinaire. Je vais plus loin : je ne le mets pas dans une pomme de terre au four chaud (c'était la grande mode à une époque), et sur des blinis, je préfère le saumon ou le hareng gras. Maintenant vous faites ce que vous voulez, mais inventez la recette vous-même. Je ne veux pas me mêler de ça.

LES PÂTES AU CONFIT DE CANARD ET LENTILLES

Voici une recette que j'ai inventée pour un ami juif observant qui ne mange pas de porc. J'avais une fois mis des pâtes dans du petit salé aux lentilles, avec le plus grand succès, et je voulais refaire cette recette pour lui. J'ai trouvé la solution du confit de canard et j'ai réalisé un plat encore plus savoureux, que je fais habituellement désormais. Je pense que toutes les cuisines sont nées ainsi, grâce aux contraintes : celles de la pauvreté, de la religion, des produits manquants ou en surabondance, des exigences de princes ou des rivalités entre les puissances. Bref, l'histoire de la cuisine est l'histoire tout court. Si je vous racontais le chemin qu'a parcouru une coquillette depuis Marco Polo pour arriver à votre assiette, vous la croqueriez avec moins d'inconscience !

300 g de tubetti ou bombolotti,
200 g de lentilles,
une cuisse et une aile de canard confit,
une carotte, un oignon,
une branche de céleri,
une feuille de laurier,
50 g d'huile d'olive,
sel, poivre en grains, vinaigre.

Mettre à cuire dans un demi-litre d'eau les lentilles, l'huile, la carotte entière, l'oignon entier, le laurier et le céleri en gros morceaux. Contrôlez la cuisson en ajoutant de l'eau si besoin est. Faites bouillir à feu bas pendant une heure.

Dans une sauteuse à bords bas, faites revenir le confit dans un peu de sa graisse. Il doit être bien doré de toutes parts. Quand les lentilles sont cuites, mettez dans le bouillon les pâtes et le confit désossé et coupé en morceaux. Salez, poivrez et faites bouillir 4 à 5 minutes. Puis éteignez le feu, couvrez et laissez reposer encore cinq minutes. Les pâtes auront fini de cuire toutes seules. Enlevez la feuille de laurier et servez à la louche avec un filet de bon vinaigre de vin sur chaque portion.

LES RIGATONI AUX 4 LÉGUMES SECS

300 g de rigatoni,
75 g de fèves, 75 g de haricots blancs,
75 g de pois chiches, 75 g de lentilles,
un demi-chou blanc,
un oignon, une branche de céleri,
100 g d'huile d'olive,
quelques champignons secs
(cèpes, par exemple),
sel, poivre,
parmesan.

Laissez tremper toute une nuit les légumes secs mélangés. Dans un bol à côté, les champignons secs. Égouttez et mettez dans une cocotte de terre cuite (ou de fonte) l'huile, le céleri et l'oignon hachés, le chou coupé en lamelles et les légumes secs. Ajoutez les champignons lavés et coupés en petits morceaux. Salez, poivrez, recouvrez d'un demi-litre d'eau, couvrez et laissez mijoter à feu doux pendant deux bonnes heures, le temps que tous les légumes secs soient cuits. Tournez souvent pendant la cuisson, et ajoutez de l'eau bouillante si nécessaire.. Cuire à part les pâtes et mélangez-les avec les légumes en saupoudrant de parmesan.

LES « PAPPARDELLE » AU BŒUF STROGONOFF

Les pappardelle sont de larges tagliatelle mal commodes à manger (serviette autour du cou de rigueur), mais qui s'accompagnent très bien de sauces aux viandes : pigeon, canard, lièvre. Je les ai accouplées à ma recette de Strogonoff. C'est un mariage réussi.

500 g de filet de bœuf extra coupé en fines lamelles par le boucher qui a sûrement des couteaux plus affilés que les vôtres,
500 g d'oignons rouges,
50 g de beurre,
huile d'olive,
une grosse cuillerée de bonne moutarde,
une tomate, sel, paprika,
125 g de crème fraîche, un yaourt bulgare.

La viande du Strogonoff doit être si tendre qu'on la mange presque crue. A peine revenue au beurre dans une grande poêle où les morceaux ne se chevauchent pas, elle est cuite à la dernière minute.

Hachez les oignons finement et faites revenir dans l'huile d'olive sans brûler. Ajoutez la tomate en morceaux. Couvrez et faites bien fondre une demi-heure au moins en retournant fréquemment, même les oignons rouges qui sont plus tendres. Sortez du feu et unissez la viande préalablement passée à la poêle, la crème, le yaourt, la moutarde et le paprika en poudre (une bonne pincée). Salez, tournez bien, remettez sur le feu une seconde pour que la crème soit chaude mais sans la faire cuire. Assaisonnez les pappardelle cuites à grande eau. Servez dans un plat long et n'oubliez pas de chauffer les assiettes. C'est un plat de tsar.

LES PÂTES AUX SAUCISSES FRAÎCHES

Cette recette, que j'ai perfectionnée à Venise au cours d'un séjour de travail pour mon roman La Star, *réussissait bien avec les petites saucisses longues appelées « luganega ». L'équivalent le plus approchant sont les saucisses à breakfast anglaises que j'achète chez Marks and Spencer, à Paris. On m'assure qu'en Sologne il y a des petites saucisses ressemblantes. La chair doit être très tendre et sélectionnée, sans nerfs. On pourrait les manger crues. Je suis persuadée que ce type de saucisses existe dans d'autres régions de France. A vous de les dénicher.*

un paquet de tagliatelle fines de 500 g,
200 g de saucisses fraîches,
1/2 litre de lait,
100 g de triple crème
(crème fraîche épaisse),
100 g de parmesan,
une gousse d'ail, sel, poivre,
noix muscade,
50 g de beurre,
marsala (facultatif).

Faites revenir l'ail dans le beurre et retirez-le quand il a roussi. Pelez les saucisses, écrasez bien la chair avec une fourchette, et mettez-la à revenir dans la même poêle à feu assez vif. Au bout de quelques minutes, versez le lait chaud dans lequel vous aurez dilué une cuillerée de concentré de tomate (pas plus). Râpez un peu de noix muscade, vérifiez le sel, poivrez, couvrez et laissez cuire à feu doux une bonne demi-heure. Si ça attache, mouillez avec un peu de bouillon chaud (vous avez toujours vos bonnes tablettes en réserve, n'est-ce pas ?), ou un peu de marsala. Goûtez pour la cuisson, certaines saucisses sont plus coriaces que d'autres. Versez la crème juste avant de sortir du feu et assaisonner les tagliatelle cuites « al dente » dans un grand plat chaud. Saupoudrez abondamment de parmesan, tournez et servez vite.

LES PÂTES À LA SAUCE GÉNOISE

Contrairement à son nom, cette recette est napolitaine. Vittorio de Sica, avec qui j'ai eu la chance de tourner un film un an avant qu'il ne nous quitte, me l'enseigna à Rome entre deux scènes. Il était sévèrement au régime et me décrivait, l'eau à la bouche, les mets qu'il pensait ne plus jamais manger. Plus tard, à Naples, j'ai souvent goûté ce plat classique qui me rappelle chaque fois les expressions gourmandes de ce grand acteur pour évoquer, à travers la cuisine, sa ville natale adorée.

un paquet de mezzani,
un rôti de bœuf de 500 g dans la ficelle ou le gîte (un morceau assez ferme, maigre mais très goûteux),
400 g d'oignons,
100 g d'huile d'olive,
50 g de lard,
30 g de saucisson sec,
30 g de jambon cru,
une carotte, une branche de céleri,
3 cuillerées de sauce tomate (recette page 32),
ail, sel, poivre.

Hachez les oignons, l'ail, le céleri, la carotte, le lard, le saucisson et le jambon. Mettez-les dans un faitout en terre cuite (ou fonte) avec l'huile d'olive et la sauce tomate. Posez la viande sur ce lit et couvrez d'eau. Mettez sur un petit feu et laissez cuire doucement. Quand toute l'eau sera évaporée, écrasez les oignons sur le fond avec la cuiller en bois. Ils seront ambrés et crémeux. Salez à ce moment-là seulement, poivrez et ajoutez un verre d'eau chaude. Laissez cuire encore 15 minutes. Le temps global de cuisson pour cette sauce est de deux heures environ. Sortez la viande, mettez-la de côté (elle sera servie en tranches fines recouvertes d'un peu de sa sauce prélevée) et utilisez le reste de sauce pour assaisonner les pâtes saupoudrées de parmesan.

Cette recette d'origine française remonte au royaume des Bourbon. Ne me demandez pas pourquoi elle s'appelle « génoise ».

LES PÂTES AU SAUMON FUMÉ

Elles sont désormais assez répandues, mais je me souviens avoir ébahi plus d'un gourmet quand je les ai cuisinées à mon retour en France, il y a cinq ans. Elles ont été inventées par les jeunes chefs de la « nouvelle cuisine italienne » qui recherchent des produits moins usuels chez eux. Juste balancier : on leur prend bien leurs pâtes...

un paquet de tagliatelle 500 g,
deux belles tranches de saumon fumé (j'aime les irlandais ou les écossais, ce sont les plus transparents et les plus délicatement fumés),
150 g de triple crème (mascarpone) ou crème épaisse,
100 g de parmesan,
sel, poivre,
un petit bouquet de menthe fraîche.

Nettoyez toutes les petites peaux et arêtes du saumon et coupez-le en fines lamelles. Au fond du plat où vous servirez les pâtes, écrasez le triple crème et le parmesan. Mettez le plat à chauffer sur un chauffe-plats ou sur une casserole d'eau chaude. Jetez les pâtes à l'œuf dans l'eau bouillante modérément salée et laissez cuire. Sortez « al dente » et versez dans le plat chaud avec le saumon et la menthe. Tournez bien. Poivrez abondamment, décorez avec quelques filets de saumon et trois feuilles de menthe, et servez dans des assiettes chaudes.

LES PÂTES ET HARICOTS

La pétomanie était très à la mode dans les années 20. Colette, Antonin Artaud, Sacha Guitry adoraient provoquer leurs contemporains. Un soir de première à la Comédie-Française, au troisième rang entre des belles dames en robes longues et rivières de diamants, Sacha lâcha un pet sonore. Dans le silence qui suivit, il se pencha vers sa voisine et dit avec son timbre d'acteur parfaitement audible : « Ce n'est rien, vous direz que c'était moi ! » Ce farceur partageait avec Colette la passion des haricots. Je me joins volontiers au club. Les haricots ont toutes sortes de vertus et remplaçent très dignement la viande. Mais je laisse le soin à Rika Zaraï de vous en vanter les mérites. Moi je suis du côté du plaisir, et le goût des haricots me ravit, quels que soient leurs effets secondaires...

Mais encore. Pas n'importe quels haricots. On peut en utiliser deux sortes : les borlotti (rouges) ou les cannellini (blancs). Le mariage pâtes-haricots vous surprend ? Essayez cette recette et vous m'en direz des nouvelles (les lettres aux éditions font plaisir ; je promets de répondre).

300 g de tubetti, corallini ou de ronds de paquets mélangés (spaghetti coupés en tronçons, rigatoni ou penne cassés avec le poing, pâtes à potage, pourvu qu'elles soient de blé dur). A Venise faites provision de « bigoli » de blé complet, idéales pour cette recette.
300 g de haricots,
un oignon, une carotte, une branche de céleri, une tomate,
huile d'olive,
persil, sel, poivre, sauge.

Faites tremper les haricots toute une nuit dans une grande casserole d'eau tiède. Le matin, rincez-les, couvrez-les d'eau et mettez-les à cuire avec l'oignon, le céleri, la carotte préalablement hachés, la tomate entière, deux feuilles de sauge et deux cuillerées d'huile d'olive. Laissez bouillir deux heures à petit feu. Salez vers la fin. Avec une écumoire prenez la moitié des haricots et passez-les à la moulinette dans le bouillon qui doit être assez épais, mais liquide. Remettez à bouillir et jetez-y les pâtes. Quand elles seront cuites (pas trop, elles continuent à cuire dans les haricots), mettez-les à reposer dans un plat creux, ou mieux, directement dans des assiettes creuses à défaut d'écuelles rustiques, avec un filet d'huile d'olive crue du meilleur pressoir. Le parmesan, facultatif, est le bienvenu. Ces pâtes se mangent tièdes.

Variante : On peut remplacer l'oignon par de l'ail, la sauge par du romarin, la tomate (elle disparaît à la cuisson) par du concentré, mais jamais les deux. Où va l'ail, l'oignon ne va pas, et parmi les herbes n'en choisissez qu'une. Ne faites pas comme les Américains qui, pour copier nos recettes, croient bon de faire un cocktail de tout. Astronomique n'est pas gastronomique. Les couleurs aromatiques doivent être imperceptibles et délicates. Réjouissez-vous quand on vous demandera : « Mais qu'est-ce que tu y as mis ? »

Deuxième variante : On peut mettre à bouillir avec les haricots une couenne de porc ou un os de jambon qu'on aura ébouillantés cinq minutes auparavant. On peut aussi faire revenir les légumes dans l'huile d'olive (version ail ou version oignon) avant de les joindre aux haricots. Ces deux variantes, plus cruelles pour le foie, n'ont pas ma préférence.

LES TAGLIATELLE AUX SCAMPI ET CHAMPIGNONS SECS

un paquet de tagliatelle pas trop larges 500 g,
250 g de cèpes séchés,
12 scampi de bonne taille ou grosses crevettes roses,
100 g de beurre,
100 g d'échalotes,
un verre de bon vin blanc sec, celui que vous boirez à table,
un petit pot de crème fraîche,
poivre, sel, marjolaine, huile d'olive.

Vous aurez mis à tremper les champignons une heure à l'avance. Vous les nettoierez et les essuierez dans un linge avant de les mettre à cuire à feu doux dans une sauteuse (Tefal OK) avec le beurre. Il faut compter une bonne demi-heure de cuisson. Les cèpes aiment bien la « nipitella », herbe toscane sauvage proche de la marjolaine. N'en abusez pas. On sale et on poivre toujours vers la fin de la cuisson.

Hachez finement les échalotes et faites-les fondre dans un peu d'huile d'olive à feu doux.

Décortiquez les queues de scampi ou les crevettes ébouillantées, qu'elles soient fraîches ou surgelées passées au micro-ondes. Mettez-les à côté, mais cuisez les têtes avec les échalotes arrosées de vin blanc (un demi-verre). Puis passez les têtes dans un presse-légumes afin d'en extraire tout le jus, et ajoutez les queues coupées en deux ou trois. Remettez sur le feu, versez le reste de vin et faites évaporer rapidement. Salez, poivrez, couvrez et tenez au chaud hors du feu.

Quand les champignons sont cuits, mélangez-les aux scampi avec la crème fraîche. Si votre sauteuse est grande, ou votre poêle, versez-y directement les tagliatelle cuites « al dente » et bien égouttées, et retournez-les une minute à feu vif dans l'assaisonnement.

La même recette peut être réalisée avec des cèpes frais, mais, étrangement, pour mon goût, elles sont meilleures avec des champignons secs, chargés d'un parfum de pinède en hiver.

LES PÂTES AUX LENTILLES

Je les appelais les « grains de beauté » quand j'étais petite, et elles ont toujours été ma passion. J'aime les petites lentilles vertes de montagne qui n'ont pas besoin de tremper, mais les grosses grises ont leur charme traditionnel. Il vaut mieux les laisser dans l'eau une nuit avant de les cuisiner.

250 g de spaghetti cassés en morceaux de 3-4 centimètres,
250 g de lentilles, vertes ou brunes,
un oignon,
une branche de céleri,
une carotte,
huile d'olive,
sel, poivre.

En principe dans les paquets de lentilles d'aujourd'hui celles-ci sont bien triées mais ne vous y fiez pas, jetez un coup d'œil en les lavant, ce serait trop bête de déranger votre dentiste. Couvrez-les d'eau dans une casserole, avec l'oignon, la carotte, le céleri hachés et une cuillerée d'huile d'olive. Laissez cuire le temps nécessaire (une heure environ) en ajoutant de l'eau s'il le faut. Pas de cocotte-minute s'il vous plaît. Mettez les spaghetti à cuire dans ce minestrone épais, un peu plus que de coutume : ils doivent être bien gonflés. Servez dans des assiettes à soupe avec une cuillerée d'huile d'olive à chacun. Ce plat pauvre est pour moi une fête.

LES RAVIOLI

La pâte des ravioli est différente de celle des tortellini : elle se fait sans œuf. J'en ai pour tous les goûts : à la viande, aux légumes verts et au poisson. Tous ces mets que je sers en plat de résistance ou en plat unique s'appellent des « primi » (premiers plats italiens) et commencent le repas en entrée. Je maintiens que les pâtes ne font pas grossir ; c'est ce qu'on mange avant ou après qui est dangereux. Une optique que les diététiciens ne contesteront pas.

LES RAVIOLI À LA VIANDE

pour la pâte :
600 g de farine blanche,
200 g d'eau environ,
sel.

pour la sauce :
voir « sauces tomates »
et « sauces de boucher ».

pour la farce :
100 g de poulet (une escalope),
100 g de bœuf rôti,
100 g de veau rôti,
100 g de jambon cuit ou porc rôti,
100 g de jambon cru ou coppa,
4 œufs,
100 g de parmesan,
une scarole, une botte de mâche
ou autre salade verte non amère,
chapelure, sel, poivre,
beurre, bouillon, marjolaine.

Faites revenir le filet de poulet dans une petite poêle avec un peu de beurre. Hachez ensemble toutes les viandes cuites (par vous ou le charcutier) et les jambons.

Lavez les salades et faites-les bouillir cinq minutes dans un peu d'eau. Égouttez-les et hachez-les. Cette fois-ci vous pouvez vous en donner à cœur joie avec vos mixers électriques, la pâte doit être lisse. Mélangez les viandes, les salades, trois œufs entiers et un jaune, un peu de chapelure ou de mie de pain trempée de bouillon, trois cuillerées de parmesan râpé, du poivre et de la marjolaine en poudre ou finement hachée. Tournez bien avec une cuiller en bois.

Faites la pâte en ajoutant l'eau petit à petit. C'est dur. Ça doit être dur. Pétrissez énergiquement jusqu'à ce que la pâte soit bien lisse et moelleuse. Étendez-en une partie le plus fin possible avec le rouleau à pâtisserie. Coupez la feuille en deux parties égales. Sur la première vous disposerez la farce en petites boules alignées à une distance de 3 ou 4 centimètres l'une de l'autre, recouvrez avec l'autre feuille de pâte et pressez avec le doigt entre les petits tas de farce pour coller les deux pâtes. Découpez les ravioli avec la ciseleuse en petits oreillers carrés jusqu'à épuisement de la pâte et de la farce. Déposez les ravioli sur une serviette propre et laissez sécher un moment. (Toutes ces préparations de pâte fraîche sont meilleures faites un peu d'avance). Mettez-les à cuire un à un dans une grande casserole d'eau bouillante salée ou de bouillon, poussez-les de temps en temps vers le fond avec l'écumoire car ils ont tendance à rester en surface. Laissez cuire quelques minutes. Sortez-les, égouttez-les avec l'écumoire et versez-les dans un plat chaud où vous les assaisonnerez comme il vous plaît : avec une simple sauce tomate et du parmesan, une sauce à la viande ou de la crème fraîche très épaisse (je la laisse « mûrir » au frigidaire quelques jours avant de m'en servir). Réchauffés le lendemain au micro-ondes ils sont impeccables, peut-être meilleurs... Faites-en le double, vous les congèlerez pour les soirs de paresse. Attention à les envelopper séparément dans le congélateur.

LES RAVIOLI À L'HERBE

Rassurez-vous, ils ne sont pas hallucinogènes... J'appelle l'« herbe » toutes les plantes comestibles à feuilles vertes, salades, épinards, cresson, laitues, mesclin et autres petits légumes verts non amers. Les brocoli, brocoletti et descendants du chou-fleur n'entrent pas dans cette catégorie. Avec l'invasion des restaurants vietnamiens, on trouve de plus en plus sur nos marchés ces petits légumes-là.

pour la pâte :
400 g de farine,
120 g d'eau,
1/2 verre de vin blanc,
sel.

pour la sauce :
Voir « pâtes aux noix ».

pour la farce :
700 g d'herbe,
500 g de chou vert,
150 g de ricotta,
50 g de parmesan,
2 œufs,
ail, sel.

Lavez tous vos légumes et faites-les cuire dans peu d'eau. Égouttez et hachez. Réunissez dans une terrine la ricotta, les œufs, le parmesan, une gousse d'ail finement hachée et l'herbe. Salez et tenez au frais. Faites la pâte comme d'habitude en mélangeant l'eau et le vin. C'est une subtilité qui rend la pâte un peu plus légère. Étendez-la et faites une feuille très mince où vous découperez des triangles (carrés coupés en deux). Posez une petite boule de farce au centre de chacun et refermez en pliant le triangle. Faites-les cuire en eau bouillante salée et assaisonnez avec une sauce aux noix. J'ai mangé ces délicieux ravioli dans un petit bistrot traditionnel à Nizza... pardon, Nice.

LES PÂTES AUX CAROTTES

En plein hiver, quand les tomates n'ont aucun goût, le seul légume qui a une couleur gaie, c'est la carotte. Et que de propriétés ! A écouter les spécialistes de nutrition, on devrait en manger chaque jour. Depuis l'enfance j'avais tellement entendu : « Mange tes carottes », que je les avais un peu prises en grippe. Il a fallu cette recette et celle d'une tarte aux carottes roumaines pour me réconcilier avec ce végétal.

un paquet de fusilli longs,
un kilo de carottes tendres,
3 beaux oignons rouges,
un verre d'huile d'olive,
coulis de tomate,
sel, poivre, cumin,
parmesan.

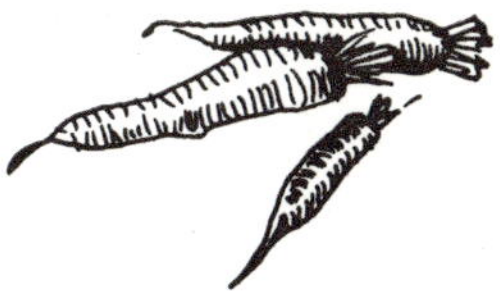

Nettoyez les carottes et les oignons en les laissant dans l'eau pour qu'ils ne vous piquent pas les yeux. Passez la moitié des carottes au hachoir pas trop fin, l'autre moitié dans une centrifugeuse. Si vous ne possédez pas cet instrument, broyez-les au mixer complètement.

Hachez les oignons et mettez-les à revenir dans une cocotte avec l'huile d'olive. Faites bien dorer et versez le fus de carotte (ou les carottes broyées) avec une cuillerée de coulis de tomate, du sel, du poivre et une pincée de cumin. Couvrez et laissez cuire à feu doux trois quart d'heure.

Servez sur les fusilli cuits « al dente » (pas trop, prenez garde, ils sont durs à cuire) comme une sauce tomate normale. Saupoudrez de parmesan fraîchement râpé.

LES SPAGHETTINI AU MAGRET DE CANARD

J'ai inventé cette combinaison à la suite d'un repas dans un grand restaurant chinois. J'avais adoré l'assemblage du canard, du soja et de la coriandre dans le riz. Je me suis demandé si la même chose était faisable avec des pâtes et j'ai obtenu un résultat épatant. Ce n'est pas toujours vrai : ce que permet le riz n'est pas systématiquement adaptable aux pâtes. Un jour, si j'ai le temps, je vous écrirai un petit livre sur le riz. Il vient en deuxième position des must après les pâtes, mais il est aussi riche en possibilités. D'autant qu'on peut multiplier l'Orient par l'Occident. Mais restons en Périgord et faisons emplette de beaux magrets.

un paquet de linguine 500 g,
2 magrets frais (ou congelés),
un bouquet de coriandre,
sauce de soja, sel, poivre,
huile d'olive.

Faites griller les magrets frais ou décongelés dans une poêle recouverte d'une grille antijets de graisse. Il faut qu'ils soient croquants mais pas trop desséchés. Coupez-les en fines tranches dans le sens de la largeur en gardant leur peau mais jetez la plus grande partie de la graisse du fond de la poêle. Mettez la coriandre en feuilles presque entières et le soja, deux ou trois belles giclées. Dès que les pâtes sont cuites à côté, égouttez-les et versez-les directement dans la poêle. Tournez deux ou trois fois sur le feu, poivrez et servez.

LES BUCATINI AUX CHOUX

Le chou est le légume national russe et permet un tas de préparations inattendues. Là-bas, dans leur grand froid, il remplace, avec les indigestes concombres, tous les légumes verts absents. Depuis l'enfance, ma mère me fait des tartes et des pâtés aux choux que je méprisais un peu car ils étaient synonymes de notre manque d'argent... Aujourd'hui, le chou est un de mes légumes préférés. Je devais l'honorer d'une recette de pâtes !

Tous les choux conviennent à cette recette, mais j'aime particulièrement le chou frisé à bords verts.

un paquet de bucatini ou perciatelli,
un 1/2 chou blanc,
deux oignons de bonne taille,
rouges ou blancs,
huile d'olive 50 g,
une petite branche d'aneth frais,
sel, poivre, bouillon (1/2 litre),
parmesan ou fromage de chèvre sec.

Plongez le chou lavé et privé de ses plus vilaines feuilles dans une grande casserole d'eau bouillante salée. Laissez blanchir cinq minutes, et égouttez. Hachez les oignons et faites revenir dans un peu d'huile d'olive. Quand ils sont blonds, unissez-les au chou coupé haché grossièrement, et faites revenir le tout dans une sauteuse. Couvrez et laissez cuire à feu doux une demi-heure au moins en mouillant régulièrement avec du bouillon chaud. En fin de cuisson, ajoutez l'aneth coupé aux ciseaux, salez si nécessaire, poivrez. Assaisonnez les pâtes cuites « al dente » en ajoutant le fromage râpé : chèvre sec ou brebis en tome vont aussi bien que le parmesan.

LES PÂTES AUX POMMES DE TERRE

500 g de ditalini,
500 g de pommes de terre
assez farineuses,
50 g de parmesan,
deux tomates mûres,
un oignon, persil plat,
sel, huile d'olive.

Hachez finement l'oignon. Pelez les tomates (en les trempant dans l'eau bouillante si la peau est tenace), et concassez-les. Faites revenir ensemble l'oignon, les tomates et le persil grossièrement haché. (Un truc : je mets les feuilles lavées dans un verre à moutarde et je les coupe aux ciseaux. Leur jus ne se perdra pas sur la planche à découper. Il existe maintenant des petits hachoirs électriques à plusieurs vitesses qui ne hachent plus en purée. Mais je préfère encore mon bon vieux système.) Salez et allongez avec deux tasses d'eau. A l'ébullition, mettez les pommes de terre coupées en dés, cuisez à feu doux en tournant souvent. Quand elles seront cuites (de 15 à 35 minutes selon la qualité des pommes de terre), couvrez-les de parmesan et finissez la cuisson des pâtes une minute ou deux dans cette préparation. Servez aussitôt, agrémenté d'un filet d'huile d'olive, la bonne (celle, très coûteuse, que vous gardez pour la manger sur le pain).

Ce plat pauvre, un des plus pauvres je crois, est d'une extraordinaire finesse, et contrairement à ce qu'on pourrait penser, il n'est pas bourratif. La diététique moderne n'a rien inventé. Ce plat servait de régime pour le foie au début du siècle. Hydrate de carbone, plus hydrate de carbone, cela ne fait de mal à personne...

LES PÂTES AUX NOIX

un paquet de 500 g de rigatoni,
500 g de noix épluchées,
un yaourt,
chapelure ou mie de pain blanc sèche 70 g,
huile d'olive vierge extra première pression à froid. Lisez tout sur l'étiquette : la provenance, l'année (un an maximum, etc.),
sel, poivre, une gousse d'ail.
100 g de parmesan.

Si vos noix ne sont pas épluchées, cassez-les et échaudez-les cinq minutes en eau bouillante pour mieux les déshabiller de leur peau. Écrasez-les dans un mortier de marbre — ou passez-les dans une de vos machines infernales. Ajoutez la chapelure ou la mie de pain (elle absorbe les gouttes d'huile éventuelles dégagées par les noix), l'ail et le sel. Mélangez bien puis diluez avec le yaourt et trois cuillerées d'huile d'olive. Poivrez. Faites cuire les pâtes dans une grande casserole d'eau bouillante salée. Quand elles sont cuites, assaisonnez-les avec la crème de noix en ajoutant du beurre et du parmesan.

La même sauce est délicieuse sur les raviolis aux légumes verts.

Variante : Sur des tagliatelle, n'écrasez pas les noix complètement. Des petits morceaux doivent se sentir sous la dent. Forcez la quantité d'ail et faites tremper la mie de pain dans du lait sans ajouter de yaourt.

LES PÂTES AUX BROCOLI

Je les ai exportées en Hongrie, pendant le tournage de Au nom de tous les miens. *Je ne tournais pas toutes les semaines et je faisais des aller et retour entre Paris et Budapest. Robert Enrico (bon sang italien ne ment pas) me fit promettre de revenir avec les provisions nécessaires pour leur faire un dîner de pâtes — dont je rebattais les oreilles à tous déjà ! Je tins promesse, et je fis pour toute l'équipe, Français et Hongrois réunis, trois recettes différentes : brocoli, bolognaise et truffes blanches. Ce repas laissa un souvenir impérissable dont j'ai les échos : comédiens et réalisateurs hongrois se refilent la recette aux brocoli, légume recherché chez eux. Mes précieuses truffes blanches avaient été éclipsées !*

un paquet de bucatini coupés en deux ou de zite (rares),
un kilo et demi de brocoli,
ail, huile d'olive,
pignons, sel, poivre,
parmesan.

Nettoyez et lavez les brocoli. Coupez-les en morceaux longitudinaux de la grosseur d'un doigt et de 5 cm de long maximum. Faites griller les pignons dans une poêle sans corps gras et salez-les. Les pâtes et les brocoli ont le même temps de cuisson. Mettez-les donc tous ensemble dans votre plus grande casserole d'eau bouillante salée. Quand les pâtes sont cuites « al dente », égouttez-les et assaisonnez-les avec l'huile d'olive et parmesan dans le grand plat creux que vous aurez frotté à l'ail en laissant la gousse écrasée dans le fond (vous la retirerez avant de servir). Les brocoli sont cuits mais doivent rester « al dente » comme les pâtes.

Variante : On peut ajouter un ou deux anchois revenus avec de l'ail et du piment doux.

LES PÂTES AU LARD ET AUX CHOUX-FLEURS

Le lard est sorti d'usage est c'est bien dommage. Je me souviens de certains « quatre heures » que ma mère me préparait avec du pain et des tranches de lard... Le bon gras de jambon n'a pas que des péchés : il est utile à la peau, aux cheveux et aux ongles. Trouvez un lard bien ferme, qui ne fond pas dans la poêle. Sa chair, grillée en lardons, doit résister à la dent.

un paquet d'orecchiette 500 g,
un petit chou-fleur d'un kilo,
200 g de lard,
une goutte d'huile d'olive,
100 g de vieux cantal râpé,
sel, poivre.

Faites bouillir le chou-fleur « al dente » en ouvrant bien les fenêtres. Coupez le lard débarrassé de sa couenne en dés aussi petits que possible. Mettez-les à revenir dans une sauteuse avec une goutte d'huile chaude. Égouttez le chou-fleur et hachez-le grossièrement. Quand les lardons sont dorés, versez le chou-fleur dans la sauteuse, faites bien revenir, couvrez et laissez cuire 15 minutes. Si ça dessèche, mouillez avec un peu d'eau chaude ou de bouillon. Dans une grande casserole d'eau bouillante salée, faites cuire les orecchiette : attention, elles sont traîtres, elles semblent dures longtemps et tout d'un coup elles sont trop cuites. Goûtez fréquemment. Égouttez-les et assaisonnez-les dans un grand plat chaud avec le chou-fleur et le cantal râpé. Soyez prudents avec le sel. Le lard et le cantal sont salés. Accompagnées d'un bon verre de cahors, ces pâtes hivernales sont un régal.

LES PÂTES A L'AIL ET AU SOJA

NOUVELLE RECETTE

un paquet de linguine 500 g,
ail en poudre,
sauce de soja,
50 g de bon beurre.

C'est la recette la plus simple du monde, mais vous verrez comme elle est savoureuse. Faites fondre dans une sauteuse (ma Tefal chérie) une cuillerée à soupe d'ail en poudre avec le beurre, pendant que les pâtes cuisent dans l'eau bouillante. Égouttez-les une minute avant la fin de la cuisson (8 minutes au lieu de 9) et jetez-les dans cette crème d'ail. Tournez une minute et versez une bonne rasade de sauce de soja avant de servir. Les pâtes deviennent brunes et délicieusement japonaises. Un tour de poivre si vous aimez et c'est prêt ! Je déconseille les baguettes…

NOUVELLE RECETTE

GRATIN DE BUGATINI A L'OIGNON ET AU GRUYÈRE

un paquet de bugatini 500 g,
six oignons bien charnus,
trois cubes de bouillon (bœuf et poule),
200 g de gruyère râpé,
50 g de beurre.

Hachez grossièrement les oignons et mettez-les à revenir dans une sauteuse. Quand ils sont dorés, mouillez-les avec deux louches de bouillon chauffé à part. Couvrez et laissez mijoter une petite demi-heure.

Pendant ce temps faites cuire les pâtes dans l'eau bouillante salée, égouttez à six minutes et placez-les dans un plat à soufflé beurré. Versez sur le dessus les oignons, puis le gruyère bien réparti et quelques coquilles de beurre.

Passez au four chaud quinze minutes et servez bien doré. Les amateurs de soupe à l'oignon adoreront.

LES PÂTES A LA POUTARGUE

NOUVELLE • RECETTE •

un paquet de spaghetti 500 g,
75 g de beurre,
poutargue (déjà en poudre ou à râper) 50 g,
poivre.

Encore une recette ultra simple. On procède exactement comme avec du parmesan. La poutargue se saupoudre sur les pâtes chaudes, avec le beurre et le poivre. Si ça vous amuse, vous pouvez colorer les pâtes en mettant une demi-dose de safran dans l'eau des pâtes (toujours « al dente », n'oubliez pas). C'est une recette pauvre de la Sardaigne profonde. Un délice.

LES PÂTES A LA PURÉE DE MORTADELLE

NOUVELLE • RECETTE •

En voilà une qui plaira à vos enfants, grands et petits. Le plus important c'est la qualité de la mortadelle. Elle doit être bolognaise, fraîche et parfumée.

100 g de mortadelle,
100 g de beaufort,
50 g de beurre,
poivre, noix de muscade,
un paquet de farfalle (papillons) 500 g,
2 cubes de bouillon.

Une autre recette qui se prépare en dix minutes. Pendant que les pâtes cuisent dans l'eau salée au bouillon, passez dans le mixer la mortadelle préalablement pelée. Mélangez cette crème au beaufort râpé. Donnez un tour de moulin à noix de muscade et assaisonnez les farfalle dans un grand plat chauffé. Enfantin.

PÂTES SUCRÉES

LES PÂTES AU CHOCOLAT

J'ai vu des paquets de pâtes au chocolat. Comme tous les amateurs de pâtes je me suis précipitée pour les acheter dans le magasin de Dino de Laurentis, à New York. Je connais des recettes de poulet et de lapin au chocolat, et au Mexique on utilise le cacao comme corps gras dans les haricots rouges. L'idée des ces pâtes marron m'intriguait vivement. Eh bien, c'est un désastre ! J'ai tout essayé : salées, sucrées, à la crème, au beurre, à l'huile d'olive, à la viande, avec des légumes. Elles restent molles, fades et peu appétissantes. Le goût du chocolat disparaît ou pire, il rend amère la bonne farine de blé, humiliée par cet accouplement malheureux. Les seules pâtes colorées acceptables sont, à mon goût, les pâtes vertes aux épinards, et encore, faites à la maison. Pâtes rouges (à la tomate), jaunes (au safran) mauves (à la betterave) ou bleues (folie d'un chef à court d'inspiration — je tairai son nom), sont à laisser au magasin. Idem pour les pâtes brunes de farine de seigle ou de sarrasin. Elles se décomposent en cuisson et leur eau noirâtre compromet toute envie de les manger. Alors je dis bravo pour les expériences et les tentatives originales, mais si c'est raté, il faut avoir l'honnêteté et l'humour de le r econnaître. Je me souviens d'un poisson au roquefort qui me navra dans un très grand restaurant « nouvelle cuisine » : le poisson et le roquefort se tuaient l'un l'autre en un combat ignoble. Je le dis au chef qui le prit très mal ce soir-là, mais j'ai su depuis, par des amis, que ce plat disparut de sa carte...

Les pâtes au chocolat, c'est marrant, il fallait y penser, mais je ne crains pas de vous paraître « classique » en vous conseillant de les éviter.

LES CHAUSSONS FRITS AU FROMAGE BLANC

Cette recette vient probablement d'Orient, mais elle a fait le tour du monde : on la trouve en Grèce, en Bulgarie, en Pologne, en Russie, en Hollande et dans la cuisine « early american » de Boston. On la sert les jours « d'holocauste alimentaire », comme dit mon médecin. C'est-à-dire les jours de fête, Noël, Pâques et Carnaval. Je vous suggère d'en faire un plat unique accompagné d'une salade de fruits de saison. Où est-ce écrit qu'un repas doit être obligatoirement salé ?

pour la farce :
300 g de ricotta
ou fromage blanc battu,
150 g de sucre glace,
100 g de chocolat
en morceaux,
100 g de fruits confits,
huile d'olive, sucre vanillé,
cannelle en poudre.

pour la pâte :
2 œufs,
300 g de farine,
une pincée de sel.

Battez la ricotta (ou le fromage) et mélangez avec le sucre, le chocolat grossièrement râpé, les fruits confits hachés et une pincée de cannelle. Faites une pâte avec la farine, les œufs entiers et une pincée de sel (voir recettes pâtes fraîches). Puis étendez-la en feuilles de 2 millimètres d'épaisseur. Faites des ronds avec un verre à moutarde. Distribuez la farce bien amalgamée sur les ronds que vous replierez pour les fermer en chaussons. Mettez-les frire dans l'huile bouillante (c'est magnifiquement léger avec du saindoux, si votre taux de cholestérol vous le permet) et disposez-les sur un plat recouvert d'une serviette. Saupoudrez-les de sucre à la vanille et servez chaud.

Variante : On peut éliminer le chocolat ou le remplacer par des noisettes concassées.

LES PÂTES AUX GRAINES DE PAVOT

De nette influence austro-hongroise, ces pâtes sucrées intrigueront les amateurs de desserts. Leur nom allemand est : « Mohnnudeln ». Elles étaient très à la mode à Trieste et à Venise au début du siècle.

500 g de farine blanche,
100 g de beurre,
30 g de sucre en poudre,
5 œufs,
sel,
50 g de graines de pavot.

Faites une pâte avec la farine, les œufs et une pincée de sel (voir recette des pâtes fraîches). Laissez-la reposer quelque temps (idéalement une nuit) et faites des tagliatelle larges d'un centimètre. Faites-les cuire normalement dans une grande casserole d'eau bouillante salée. Quelques minutes suffiront. Pendant ce temps, écrasez le sucre et les graines de pavot ensemble. Dès que les pâtes sont cuites, assaisonnez-les avec du beurre fondu et les graines de pavot.

LES GNOCCHI AU MIEL

J'ai détesté le miel toute mon enfance. C'est sûrement psychologique. Dites à un enfant : « Mange, c'est bon pour toi », et ce qu'il a dans l'assiette prend aussitôt un goût de médicament. Si vous avez du mal à faire ingurgiter du miel à vos enfants (c'est vrai que c'est très bon pour eux), faites-leur ces gnocchi. La joie sur leur visage vous récompensera du travail supplémentaire.

500 g de farine,
150 g de miel raffiné,
125 g d'huile d'olive excellente,
1/4 de litre de vin blanc doux (muscat ou Monbazillac),
cannelle en poudre,
une orange juteuse,
huile d'arachide pour la friture.

Faites un cratère dans la farine sur la planche à pâtisserie et incorporez l'huile, le vin, une pincée de cannelle et l'écorce d'orange râpée. Travaillez bien la pâte jusqu'à ce qu'elle soit homogène et assez molle. Faites un boudin de 3 cm de largeur et coupez des gnocchi de 2 cm. Pour leur donner une forme rigolote appuyez-les avec le pouce à l'envers de votre râpe à fromage courbe, ils seront quadrillés comme des petits nids d'abeille. Faites-les frire dans l'huile bouillante, égouttez-les et mettez-les au chaud. Dans une grande poêle diluez le miel avec le jus d'orange à feu doux en tournant vivement avec une cuiller en bois. Portez à ébullition puis sortez du feu et tournez rapidement les gnocchi frits dans le miel. Servez-les sans attendre. J'en ai l'eau à la bouche !

LES PÂTES SUCRÉES AU FROMAGE BLANC

J'ai hésité à vous donner cette recette car je ne l'ai pas encore réussie avec nos fromages blancs. Le « cottage cheese » anglais est décevant, et la ricotta qu'on trouve en France n'est pas toujours de première fraîcheur, sauf exception. J'ai le même problème avec les recettes à base de mozzarella, celle qu'on trouve chez nous me joue parfois des tours en cuisson. On me dit (mon livre aidant, j'espère) que les importations s'amélioreront à l'avenir. Je suis confiante et je vous donne donc cette recette.

400 g de macaroni,
150 g de ricotta,
1/2 verre de lait,
sucre, cannelle, sel.

Ces pâtes sont sucrées mais ne sont pas un dessert. Faites cuire les pâtes dans une grande casserole d'eau bouillante salée comme d'habitude. Dans la terrine où vous servirez les pâtes, battez la ricotta avec le lait tiède. Ajoutez une bonne cuillerée de sucre et une pincée de cannelle. Quand les pâtes sont cuites, égouttez-les et versez-les dans la ricotta. Tournez énergiquement et servez. C'est un peu plus fade avec nos fromages blancs battus, car la bonne ricotta est faite avec des laits mélangés de vache et de buffle, mais c'est intéressant tout de même.

LES RAVIOLI FRITS AUX MARRONS

pour la farce :
250 g de marrons crus,
250 g de cacao doux,
75 g de chocolat fondant,
50 g de nougat,
50 g de fruits confits,
sucre en poudre,
cannelle et clou de girofle en poudre,
huile d'olive, miel.

pour la pâte :
500 g de farine blanche,
125 g de sucre en poudre,
100 g de Saint-Raphaël,
75 g d'huile d'olive,
1/2 citron.

Faites tremper les châtaignes pendant toute la nuit et faites-les bouillir. Quand elles sont bien cuites, passez-les en purée dans une terrine où vous les mélangerez avec le cacao, le chocolat râpé et du sucre à votre goût. Ajoutez les fruits confits et le nougat coupé en tout petits morceaux. Mélangez bien.

Versez la farine sur la planche à pâtisserie, unissez le sucre en poudre, le zeste de citron râpé et le vermouth. Tournez et ajoutez l'huile d'olive et 50 g d'eau. Pétrissez. La pâte doit avoir la consistance de la pâte à pain. Étendez-la en feuilles minces et découpez — à l'aide d'un verre dont vous mouillerez les bords — des disques de 7 cm de diamètre. Déposez sur la moitié d'entre eux des petits tas de farce et recouvrez-les avec l'autre moitié. Collez bien les bords avec un verre légèrement plus étroit, ou avec les doigts. Faites frire ces raviolis ronds dans l'huile bouillante (olive et arachide mélangées si vous voulez). Saupoudrez-les encore chauds avec sucre, cannelle et clou de girofle en poudre, puis disposez-les dans un plat où vous les recouvrirez de miel chaud allongé dans une petite casserole avec le jus d'un demi-citron. C'est un dessert substantiel qui se mange chaud ou froid.

LES PÂTES AU PETIT-SUISSE

1/2 paquet de sedani 250 g (voir table des pâtes),
2 petits-suisses à 40 %,
1/2 yaourt bulgare (ou fjord),
sel, sucre, miel et cannelle.

Ce dessert de mon enfance a d'évidentes tendances slaves. On bat petit-suisse et yaourt dans un plat avec du miel, du sucre et de la cannelle, et on y verse les pâtes cuites « al dente » dans leur grande eau bouillante salée. Vos enfants en seront fous.

UN AU REVOIR

Chers lecteurs, chères lectrices, chers enfants de lecteurs et de lectrices.

J'espère que vous avez passé de bons moments avec mes pâtes et que de nouveaux horizons se sont ouverts à vous. La vie en pâtes n'est pas une fable, n'est-ce pas ? Comme à la fin d'un Assimil j'ai envie de vous dire : vous avez fait des progrès merveilleux, mais maintenant vous pourrez vous perfectionner avec plaisir. Vous avez acquis le code de base, vous êtes libres désormais de vous aventurer sur les sentiers subtils de la gastronomie. Les pâtes vous accompagneront, fidèles et jamais décevantes. Vous vous lancerez dans des expériences folles en retombant sur vos pieds grâce à mes modestes conseils. Je m'en réjouis. En mettant le dernier mot à ce livre, j'ai le sentiment lénifiant d'avoir fait une bonne action. Que puis-je souhaiter de plus ?

Merci de m'avoir écoutée et à bientôt.

MACHA MÉRIL

TABLE DES MATIÈRES

RECETTES DE BASE

RECETTES DES QUATRE SAISONS

RECETTES DU PRINTEMPS

RECETTES DE L'ÉTÉ

RECETTES DE L'AUTOMNE

RECETTES DE L'HIVER

PÂTES SUCRÉES

Cet ouvrage a été réalisé par la
SOCIÉTÉ NOUVELLE FIRMIN-DIDOT
Mesnil-sur-l'Estrée
pour le compte des Éditions Robert Laffont
24, avenue Marceau, 75008 Paris
en août 1999

Imprimé en France
Dépôt légal : mars 1993
N° d'édition : 40347 – N° d'impression : 48098